D1719946

Jutta K. C. Gaebler
Effizientes Personalmarketing

Deutsche Hochschulschriften 1137

Jutta K. C. Gaebler

Effizientes Personalmarketing

Eine Analyse
mit Hilfe von arbeitsmarkttheoretischen und
verhaltenswissenschaftlichen Ansätzen

VERLAG DR. HÄNSEL-HOHENHAUSEN

Die Deutsche Bibliothek - CIP-Einheitsaufnahme

Gaebler, Jutta K. C. : Effizientes Personalmarketing :
eine Analyse mit Hilfe von arbeitsmarkttheoretischen und
verhaltenswissenschaftlichen Ansätzen / Jutta K. C. Gaebler.
- Egelsbach ; Frankfurt (Main) ; Washington :
Hänsel-Hohenhausen, 1997
(Deutsche Hochschulschriften ; 1137)
ISBN 3-8267-1137-8

1997©

VERLAG DR. MARKUS HÄNSEL-HOHENHAUSEN®
D-63324 Egelsbach

ISBN 3-8267-1137-8
ISSN 0944-7091

Gedruckt auf
säurefreiem (DIN 53124),
alterungsbeständigem (DIN-ISO 9706) Papier,
Printed in Germany.

Inhaltsverzeichnis

Tabellenverzeichnis

1. Einleitung

Die neuen Managementmodelle, die aus Japan über den amerikanischen Umweg auch nach Europa gelangt sind, haben nicht nur das Qualitäts- und Marktbewußtsein revolutioniert, sie haben auch dazu beigetragen, den im Unternehmen arbeitenden Menschen als wertvolle Ressource zu entdecken.

Während dem alten tayloristischen Denken noch der Glaube immanent ist, den Menschen dem Rhythmus der Maschinen unterordnen zu können, zeigt sich heute ein dramatischer Wandel hin zu einem ganzheitlichen Menschenbild. Arbeitsleistung ist nicht mehr das Ergebnis von mechanischen Bewegungs- und Zeitstudien. Wird der Mensch mit all seinen Bedürfnissen und Wertvorstellungen schon in der Arbeitsgestaltung berücksichtigt, lassen sich bessere Arbeitsergebnisse erzielen.

Wer die Interessen der Unternehmungen und der arbeitenden Menschen berücksichtigen will, sieht sich mit einer komplexen Aufgabe konfrontiert, die sich nur unter Berücksichtigung von theoretischen Erkenntnissen und praktischen Erfahrungen aus nicht-ökonomischen Bereichen lösen läßt. Dies ist die Herausforderung an ein Personalmanagement, das sich nicht mehr nur auf Verwalten und Kontrollieren beschränken darf. Die Mitarbeiter, bzw. potentiellen Mitarbeiter, gilt es als einen Markt zu betrachten, in dem nur erfolgreich ist, wer die Marktbedürfnisse erkennt und befriedigt.

Im Rahmen dieser Arbeit soll der Frage nachgegangen werden, wie ein effizientes Personalmarketing zu gestalten ist. Dazu soll im 2. Kapitel der Begriff zunächst in seinen ökonomischen und gesellschaftlichen Zusammenhang eingeordnet werden. Es gilt dann, eine Begriffsbestimmung vorzunehmen, eine Zielanalyse zu betreiben und schließlich den Effizienzgedanken näher zu bestimmen. Es soll hier auch deutlich werden, warum diese Arbeit den Schwerpunkt auf das Marktsegment der Führungskräfte legt.

Der Forderung nach Interdisziplinarität im Personalmarketing soll in den Kapiteln 3 und 4 nachgegangen werden. Kapitel 3 analysiert das Makroumfeld von Personalmarketingaktivitäten anhand von arbeitsmarkttheoretischen Modellen. Kapitel 4 untersucht die Mikroebene des arbeitenden

Menschen und skizziert die Folgen, die sich aus motivationstheoretischen Erkenntnissen für das Personalmarketing ergeben.

Unter Berücksichtigung der Erkenntnisse aus den vorangegangenen Kapiteln sollen im 5. Kapitel die Elemente eines effizienten Personalmarketings skizziert werden.

2. Einordnung des Begriffs "Personalmarketing" in seinen ökonomischen und gesellschaftlichen Zusammenhang

2.1. Wandel der sozialen Bedeutung der Arbeit

Die Gesellschaft ist geprägt durch einen tiefgreifenden Wertewandel. Noch bis in die 60er Jahre hinein dominierten sogenannte Pflicht- und Akzeptanzwerte das Arbeitsverhalten. Arbeit wurde weitgehend als Sinn des Lebens eines jeden Menschen angesehen und die Freizeit hatte die Funktion einer Erholungspause[1]. Heute besteht Arbeit dagegen nicht mehr nur in der Pflichterfüllung und Akzeptanz von Weisungen. Arbeit muß in erster Linie interessant und mit Anerkennung verbunden sein und sollte Gelegenheit zur Selbstverwirklichung bieten. Arbeits- und Lebenswelt sind somit nicht mehr zwei getrennte Welten, in denen unterschiedliche Regeln gelten können und bei denen die Lebenswelt Defizite der Arbeitswelt kompensieren kann, sondern durchweg konsistent zu gestaltende Lebensbereiche[2].

In seiner Untersuchung zur deutschen Arbeitsmoral unterscheidet Schmidtchen zwischen klassischen Arbeitstugenden (Puritanischen Tugenden) und neuen kommunikativen Tugenden. Für die kommunikativen Tugenden sah Schmidtchen ein Konglomerat aus Teamarbeit, eigener Meinung, Offenheit, Verträglichkeit, Zuhören, Humor und für andere da zu sein. Puritanische Tugenden wären hingegen Präzision, Pünktlichkeit, umsichtig arbeiten, fleißig sein, ausgeruht an der Arbeitsstätte erscheinen und tun was gefordert wird.[3] Vor allem die jüngeren Arbeitnehmer haben eine deutlich positive Einstellung zu den kommunikativen Tugenden. Die-

---

1   Vgl. Opaschowski, H. W.: Arbeit, Freizeit, Lebenssinn? Opladen 1983, S. 29

2   Vgl. Klages, H.: Wertedynamik. Zürich 1988. Vgl. auch: Stengel, M.: Wertewandel. In: von Rosenstiel, L. (1993): S. 693-712

3   Vgl. Schmidtchen, G. (1984): Neue Technik - neue Arbeitsmoral: Eine sozialpsychologische Untersuchung über Motivation in der Metallindustrie. Köln 1984, S. 59

3

ser Trend ist bei höherqualifizierten Angestellten noch deutlicher attestierbar. Während die klassischen Arbeitstugenden an Wert verlieren, steigt die Bedeutung der kommunikativen Elemente für die Arbeitszufriedenheit der Arbeitnehmer an[4].

Neben einem Einstellungswandel zur Arbeit selbst ist auch eine Schwerpunktverlagerung, die zulasten der Arbeit und zugunsten der Freizeit geht, zu beobachten. Opaschowski sieht eine Entwicklung, in der "... die Freizeit der Arbeit den Rang abgelaufen ... [hat]"[5]. Für Höhler entsteht aus der Freizeitorientierung der Arbeitnehmer die Notwendigkeit, Selbstverwirklichungs- und Sinnfindungsmöglichkeiten in die Arbeitswelt hineinzuziehen. Dem Arbeitnehmer muß der Sinn der bereits geleisteten und zukünftig noch zu leistenden Arbeit verdeutlicht werden[6]. Arbeitszeit wird auf eine völlig andere Art und Weise erlebt als noch unter den tayloristischen Produktionsbedingungen. Für den einzelnen geht es um den Verlust seiner (kostbaren) Lebenszeit, die er nicht mehr bereit ist, bedingungslos seinem Unternehmen zur Verfügung zu stellen, falls er nicht von der notwendigen Sinnhaftigkeit seiner Arbeit überzeugt ist. Um dem wachsenden Bedürfnis nach Selbstverwirklichung nachzukommen, bedarf es eines neuen Arbeitsklimas[7]. Der neue Mitarbeitertyp, so Höhler, ist zu Höchstleistungen bereit, wenn das Umfeld stimmt[8]. Interessante Aufgaben, Zugriff auf innerbetriebliche Informationen, flexiblere Arbeitsgestaltung, Verantwortungsübernahme etc. dienen als Motivationsbasis, die Lust an der Arbeit und Lust auf Leistung vermitteln kann[9]. Konkret bedeutet dies, der Mitarbeiter "... konzentriert sich mit mehr Freude auf seine Aufgaben. Er bringt mehr von seiner Leistungsreserve mit an den Arbeitsplatz. Er entwickelt Ideen, die den Arbeitsablauf optimieren und das Produkt verbessern können. Er entwickelt ein Gefühl der Zugehörigkeit zu seinem Unternehmen. Er wird ein verläßlicher und mitdenkender Partner, der seine Kräfte zur Verfügung stellt"[10].

4 Vgl. Schmidtchen, G. (1984): S. 60ff.

5 Opaschowski, H. W.(1988): S. 29.

6 Vgl. Höhler, G.: Offener Horizont: Junge Strategien verändern die Welt. Düsseldorf 1989, S. 37.

7 Vgl. Höhler, G. (1989): S. 28.

8 Vgl. Höhler, G. (1989): S. 24.

9 Vgl. Höhler, G. (1989): S. 25.

10 Höhler, G. (1989): S. 25.

2.2. Vom Produktionsfaktor Arbeit zum Human Resource Management

Als Beginn der wissenschaftlichen Analyse von Arbeit gelten die Werke von F.W. Taylor[11]. Ziel der Analysen von Taylor war es, den Menschen möglichst so rationell, geplant, spezialisiert und routiniert arbeiten zu lassen wie eine Maschine[12]. Im Rahmen seines Scientific Managements trennt Taylor die menschliche Arbeit in ausführende und planende Tätigkeiten[13]. Ford wendet die Prinzipien des Taylorismus später auf die Rationalisierung industrieller Fließfertigung an. Kennzeichnend für die so entstehende Massenproduktion sind stark typisierte Produkte und stark mechanisierte Fertigungsformen[14]. Charly Chaplin hat das Endergebnis tayloristischer Rationalisierung in seinem Film "Modern Times" eindrucksvoll vorgeführt: Die Tätigkeit des Arbeiters beschränkt sich auf das Festdrehen einer Schraube oder auf den leichten Schlag mit einem Hammer auf die stets gleiche Stelle. Arbeit besteht nur noch aus sich monoton wiederholenden und zerstückelten Handlungen. Der Arbeitende verliert die´ Beziehung sowohl zu seiner Arbeit als auch zu seinem Arbeitsobjekt. Seine eigentlichen Interessen und Fähigkeiten verkümmern ebenso wie die zwischenmenschliche Kommunikation[15]. Es verwundert nicht, daß Gutenberg die menschliche Arbeitskraft einen produktiven Faktor nennt, der im gesamtbetrieblichen Prozeß mit maschineller Apparatur zum Zweck der Erstellung und Verwertung von Sachgütern und Dienstleistungen kombiniert wird[16]. Daß menschliche Arbeit mehr ist als die Addition einzelner Bewegungsabläufe dringt zum ersten Mal mit den Hawthorne Experimenten in das Bewußtsein ökonomischer Theoretiker: In dem sogenannten "Bank-

---

11 Als Basis der Arbeiten von Taylor kann man allerdings die Überlegungen von Karl Marx zur Arbeitsteilung in den Manufakturen sowie Adam Smiths Beobachtung über den Nutzen der Arbeitsteilung im Produktionsprozeß betrachten. Vgl. Marx, K.: Das Kapital. Stuttgart 1957, vor allem Seite 236ff. Zu Adam Smith vgl. das berühmte Stecknadelbeispiel. In: Smith, A.: Wohlstand der Nationen. München 1978, S. 9-16.

12 Vgl. Staehle, W.H.: Management. München 1991, S. 15.

13 Vgl. Staehle, W.H. (1991): S. 16.

14 Vgl. Staehle, W.H. (1991): S. 17 f.

15 Vgl. Küng, E.: Arbeit und Freizeit in der nachindustriellen Gesellschaft. Tübingen 1971, S. 9.

16 Vgl. Gutenberg, E.: Einführung in die Betriebswirtschaftslehre. Wiesbaden 1990, S. 27.

Wiring-Room"-Experiment wurden zwei Gruppen von Arbeiterinnen über einen Zeitraum von sechs Monaten beobachtet. Bei der einen Arbeitsgruppe hielt man die Arbeitsbedingungen konstant, während bei der zweiten Gruppe ständig partielle Veränderungen vorgenommen wurden. Überraschenderweise stieg in beiden Gruppen die Leistung laufend an. Arbeitsleistung, so konnte festgestellt werden, ist nicht nur eine Funktion der Organisation objektiver Arbeitsbedingungen, sondern auch von den sozialen Interaktionen zwischen Arbeitern und Vorgesetzten bzw. unter den Arbeitern selbst sowie der Wahrnehmung und Beurteilung der eigenen Arbeit abhängig[17]. Arbeit ist damit mehr als ein bloßer Produktionsfaktor, und Management muß demnach mehr sein als die Anwendung technischen Wissens. "Der Manager muß weniger über technische als vielmehr über soziale Fertigkeiten verfügen"[18].

Das posttayloristische Bild vom Arbeiter und seiner Arbeit ist vor allem durch zwei Bemühungen gekennzeichnet[19]:

1. Der Mensch, vor allem in seiner Rolle als Gruppenmitglied, erhält gegenüber der Produktion/Leistung ein stärkeres Gewicht.

2. Organisationsziele und materielle Anreize werden relativiert zugunsten einer größeren Betonung der Befriedigung sozialer Bedürfnisse.

Diese Gegenbewegung zum Scientific Management tayloristischer bzw. fordistischer Prägung wird allgemein als Human Relations-Bewegung bezeichnet[20].

Unter den Bedingungen eines steigenden Konkurrenzdrucks in dynamischen Märkten und unter zunehmend komplexeren Umweltbedingungen setzt sich langsam die Erkenntnis durch, daß die Sicherung der unternehmerischen Viabilität zunehmend von der Qualifizierung der Mitarbeiter, von ihrer Kreativität und Flexibilität abhängt. Der Mensch wird zum strategischen Wettbewerbsfaktor, der geführt, motiviert und entwickelt werden muß. Die Human Relations-Bewegung versuchte den Eigenwert des Menschen zu betonen, den es im Produktionsprozeß zu schützen gilt. Den

---

17   Vgl. Staehle, W.H. (1991): S. 29.
18   Staehle, W.H. (1991): S. 29.
19   Vgl. Staehle, W.H. (1991): S. 31.
20   Vgl. Oechsler, W.: Personal und Arbeit. München 1994, S. 12.

Menschen als strategischen Wettbewerbsfaktor zu sehen, hat aber eine ganz andere -aus Sicht der Unternehmer vielleicht sogar entscheidendere- Dimension: Den menschlichen Bedürfnissen Rechnung zu tragen, fördert den unternehmerischen Erfolg[21]. Mitarbeiter stellen so ein "... Reservoir einer Vielzahl potentieller Fertigkeiten..."[22] dar. Eine systematische Förderung dieser potentiellen Fertigkeiten dient dann sowohl dem Menschen als auch der Unternehmung. Diese Sichtweise läßt sich als Human Resource Management-Ansatz bezeichnen[23]. Im Rahmen dieses Ansatzes wird die menschliche Arbeit auf das gleiche Niveau gehoben wie die Strategie und die Struktur der Unternehmung. "Kennzeichnend für den Ansatz ist..., daß Entscheidungen über Strategie, Struktur und Human Resource Management simultan getroffen werden sollen. Traditionell ist die strategische Entscheidung über das Produkt-Markt-Konzept, Entscheidungen über Organisationsstrukturen und schließlich Personal vorgelagert. Im Human Resource Management-Ansatz werden Erfolgspotentiale der Mitarbeiter simultan mit Strategie- und Strukturentscheidungen verknüpft"[24]. Umgesetzt in praktische Personalarbeit ergeben sich vier Instrumente, die die menschliche Leistungsfähigkeit in der Unternehmung bestimmen und die zu einem Human Resource-Kreislauf systematisch integriert werden:

- Personalauswahl

- Personalbeurteilung

- Belohnungs- und Anreizsysteme

- Personalentwicklung[25].

Das Human Resource Management beruht dabei auf zwei Säulen[26]:

1. Die Fähigkeiten und Fertigkeiten von Mitarbeitern stehen im Vordergrund.

---

21   Vgl. Oechsler, W. (1991): S. 16.

22   Staehle, W.H. (1991): S. 726.

23   Vgl. Staehle, W.H: (1991): S. 726.

24   Oechsler, W. (1994): S. 18.

25   Vgl. Tichy, N.M., Fombrun, C.J., Devanna, M.A.: Strategic Human Resource Management, in: Sloan Management Review, Winter 1982, S. 47-60, hier S. 50.

26   Vgl. Oechsler, W. (1994): S. 19.

2. Personal wird nicht mehr lediglich als Kostenfaktor betrachtet, sondern vor allem auch als Vermögensanlage, die es zu erhalten und zu mehren gilt.

Im Scientific Management und später im Produktionsfaktorenansatz von Gutenberg wird der arbeitende Mensch zu einem Objekt reduziert, dessen Aufgabe im wesentlichen darin besteht, für einen reibungslos funktionierenden Produktionsablauf zu sorgen. Die Human Relations-Bewegung stellt den Menschen mit seinen Bedürfnissen in den Vordergrund und untersucht die sozialen und psychischen Phänomene, die der arbeitende Mensch zeigt. Der Human Resource Management-Ansatz schließlich stellt eine ganzheitliche und integrative Betrachtungsweise in den Mittelpunkt[27].

Betont werden muß, daß sich die im Zuge des lean managements und total quality managements durchsetzenden, stärker teamorientierten Organisations- und Produktionskonzepte geradezu ein derartiges ganzheitlich gedachtes Menschenbild erfordern. Teamfähigkeit, breite Qualifikationen, hohe Flexibilität und partizipative Strukturen sind mit dem reduzierten Menschenbild des Scientific Managements nicht vereinbare Forderungen[28].

2.3. Human Resource Management im Kontext industrieller Beziehungen

In hochentwickelten Industriegesellschaften scheint das Human Resource Management, das den Menschen in den Mittelpunkt stellt, als ein hilfreicher und sinnvoller Ansatz. Es ergeben sich bei der konzeptionellen Umsetzung allerdings auch einige Schwächen[29]:

- Interessenkonflikte zwischen Anteilseignern und Arbeitnehmern werden systematisch ausgeblendet.

- Arbeitnehmerinteressen haben allenfalls einen unverbindlichen Stellenwert, institutionalisierte industrielle Beziehungen, die auf

---

27 Vgl. Oechsler, W. (1994): S. 20.

28 Vgl. zu diesen Entwicklungen Womack, J.P. et al.: Die zweite Revolution in der Automobilbranche. Frankfurt 1992.

29 Vgl. Oechsler, W. (1994): S. 21 f.

verbindliche Partizipation abstellen und die Arbeitnehmer-
Arbeitgeber-Beziehung in Deutschland prägen, spielen keine
Rolle.

Aufgrund dieser Schwächen US-amerikanischer Human Resource Mana-
gement-Ansätze schlägt Oechsler eine Konzeptionalisierung im Rahmen
der in Deutschland vorherrschenden Arbeitgeber-Arbeitnehmer-
Beziehungen vor. "Der Human Resource Management-Ansatz... kann...
nicht einseitig als arbeitgeberorientierter Ansatz konzipiert werden wie in
den USA, sondern muß auf Handlungsparameter und strategische Optio-
nen der industriellen Beziehungen ausgerichtet werden, die im europäi-
schen Kontext eine unterschiedliche Geschichte haben und eine Vielzahl
von Formen annehmen"[30].

Oechsler unterscheidet drei Ebenen der industriellen Beziehungen: Arbeitgeber, Gewerkschaften und Regierung[31]. Im Gegensatz zu US-
amerikanischen Verhältnissen besteht in Deutschland ein dichtes Netz an
wirtschafts- und sozialpolitischen Regelungen, Arbeitnehmerschutz- und
Arbeitnehmerpartizipationsrechten. Auf der Ebene der Gewerkschaften
werden die unternehmerischen Entscheidungen über die tarifpolitisch zu
erreichenden Einigungen zwischen Arbeitgeber- und Arbeitnehmervertre-
tern eingeschränkt. Dies betrifft u.a. die Gestaltung der Arbeitszeitdauer,
und -lage sowie der Löhne. Jedes Personalmarketingkonzept muß den
limitierenden Bedingungen der in Deutschland geltenden Industrial Relations genügen. Es gilt also "...Entscheidungsparameter zu identifizieren und
Handlungsspielräume für Strategien und Aktionen der Akteure im System
der industriellen Beziehung zu erkennen"[32].

---

30 Oechsler, W. (1994): S. 23. Im folgenden werden nur die spezifisch deutschen
    Bedingungen diskutiert. Die von Oechsler ebenfalls behandelten anderen Indu-
    strial Relations-Systeme wie z.B. das konfliktorientierte System Italiens oder
    Englands werden im Rahmen dieser Arbeit nicht berücksichtigt.

31 Vgl. Oechsler, W. (1994): S. 24.

32 Oechsler, W. (1994): S. 24.

2.4. Personalmarketing: Begriffsherleitung

Die oben beschriebenen ökonomischen und gesellschaftlichen Tendenzen lassen sich in zwei Thesen zusammenfassen:

1. Die menschlichen Wertvorstellungen und Bedürfnisse differenzieren sich unter den Bedingungen moderner Gesellschaftsformen immer weiter aus, werden dadurch immer heterogener und komplexer. Feststellen läßt sich eine allgemeine Tendenz zu einem anspruchsvolleren Umgang mit Arbeitszeit und Freizeit. Die Ansprüche an den Arbeitgeber wachsen, eine interessante und sinnvolle Tätigkeit zu offerieren.

2. Moderne Produktionsformen stellen immer höhere Anforderungen an die Qualifikation, sowie die Lern- und Teamfähigkeit der Mitarbeiter.

Beide Tendenzen führen dazu, daß der hochqualifizierte Mitarbeiter zum knappen Gut wird. Damit müssen die Anstrengungen erhöht werden, um auf dem externen Arbeitsmarkt geeignete Mitarbeiter zu gewinnen, bzw. auf dem internen Arbeitsmarkt die Mitarbeiter zu halten und zu motivieren. Auf dem Arbeitsmarkt lassen sich nun ähnliche Phänomene beobachten, wie sie vom Konsumgütermarkt her bekannt sind: Es findet ein Wandel vom Verkäufer- zum Käufermarkt statt. Die Entdeckung des Marketings für die Personalarbeit ist die fast zwingende Konsequenz. Im folgenden soll nun der Begriff des Personalmarketings hergeleitet und erklärt werden.

a) Marketing: In arbeitsteiligen Wirtschaftssystemen produzieren Unternehmungen nicht für den eigenen, sondern für fremden Bedarf. Ihr Überleben hängt demnach vom erfolgreichen Absatz der jeweils produzierten Leistungen ab. Je stärker der Konkurrenzdruck auf dem Absatzmarkt, desto besser muß das eigene Leistungsangebot den Kundenbedürfnissen entsprechen. "Die Organisation muß es... verstehen, dem Zielmarkt ein besseres Angebot zu machen als die Konkurrenz"[33]. Sich verändernde Kundenwünsche zu erkennen, erfordert die systematische Erforschung der in den Märkten bestehenden und sich permanent verändernden Bedürfnisse. Meffert definiert Marketing entspre-

---

33   Kotler, P.: Marketing Management. Stuttgart 1989, S. 5.

chend als "... Planung, Koordination und Kontrolle aller auf die aktuellen und potentiellen Märkte ausgerichteten Unternehmensaktivitäten. Durch eine dauerhafte Befriedigung der Kundenbedürfnisse sollen die Unternehmungsziele im gesamtwirtschaftlichen Güterversorgungsprozeß verwirklicht werden"[34]. Diese Definition, die den Begriff des Marketings allein auf den Absatz produzierter Güter und Dienstleistungen bezieht, erweist sich allerdings vielfach als zu eng. Die Übertragung der Marketingüberlegungen etwa auf den Bereich von Non Profit Organisationen führt dazu, daß der Begriff selbst "... mehr und mehr zu einer Schlüsselvariablen im Rahmen der Steuerung zwischenmenschlicher und gesellschaftlicher Prozesse (Generic Marketing) [wird]"[35]. Im Rahmen dieser Arbeit ist eine Definition erforderlich, die dem Gedanken des Generic Marketing Rechnung trägt und eine Anwendung auf die intraorganisatorische Problemstellung der Personalarbeit ermöglicht. Mit Philip Kotler sei im folgenden unter Marketing eine menschliche Tätigkeit verstanden, "... die darauf abzielt, durch Austauschprozesse Bedürfnisse und Wünsche zu befriedigen bzw. zu erfüllen"[36].

b) <u>Personal</u>: "Mit Personal werden die in jeder Art von Betrieben in abhängiger Stellung arbeitenden Menschen bezeichnet, die innerhalb einer institutionell abgesicherten Ordnung eine Arbeitsleistung gegen Entgelt erbringen.[37]"

Menschen erbringen eine Leistung für übergeordnete Ziele von Organisationen und erhalten dafür ein Entgelt. Im Rahmen einer arbeitsteiligen Produktion erfolgt demnach - über eine institutionelle Ordnung gesteuert - ein Austauschprozess zwischen abhängig Beschäftigten einerseits und der Führung bzw. den Eignern der Organisation andererseits.

c) <u>Personalmarketing</u>: Werden beide Begriffe nun integriert und in einer Definition zusammengefaßt, sind folgende Elemente zu berücksichtigen:

34   Meffert, H.: Marketing. Wiesbaden 1989, S. 31.
35   Nieschlag, R. et al.: Marketing. Berlin 1991, S. 18.
36   Kotler, P. (1989): S. 19.
37   Oechsler, W. (1994): S. 1.

1. Ein Austauschprozeß, der der Befriedigung von Bedürfnissen dienen soll muß ex definitione die Bedürfnisbefriedigung aller Prozeßbeteiligten einschließen.

2. Die relevanten Personengruppen sind zum einen die Gruppe der Mitarbeiter und zum anderen die der Unternehmensführung.

3. Der Begriff des Marketings umfaßt immer auch die Erforschung und Entwicklung potentieller Märkte. Eine Definition des Begriffs Personalmarketing muß demnach auch ein Aktivwerden auf inner- und außerbetrieblichen Arbeitsmärkten einschließen.

Im Rahmen dieser Arbeit soll die von Staffelbach vorgeschlagene Definition gelten, die diesen Anforderungen gerecht wird:

"Personalmarketing heißt im Kern, die Bedürfnisse und Erwartungen der derzeitigen und künftigen Mitarbeiter/-innen als Ausgangspunkt personalwirtschaftlicher Maßnahmen zu nehmen, um Beschäftigungsverhältnisse zu entwickeln und zu erhalten, die sowohl für das Unternehmen als auch für ihre Mitarbeiter/-innen möglichst vorteilhaft sind"[38].

2.5. Ziele des Personalmarketings

Scholz unterscheidet drei Problembereiche, die eine Unternehmung zwingen, aktives Personalmarketing zu betreiben[39].

1. Die Schwierigkeit, qualifizierte Mitarbeiter zu finden, nimmt zu. Sowohl auf dem Facharbeitermarkt als auch auf dem für Führungskräfte besteht ein Akquisitionsproblem.

2. Dort, wo Arbeitsentgelt und Arbeitszeit ihre Bedeutung als Hauptmotivatoren verlieren, entstehen Motivationsprobleme.

---

38 Staffelbach, B.: Strategisches Personalmarketing. In: Scholz, Ch. et al.: Strategisches Personalmarketing: Konzeption und Realisierung. Stuttgart 1995, S. 143-158, S. 144. Zum Vergleich, von Eckardstein schreibt: "Der Grundgedanke des Personalmarketings zielt darauf ab, die "Ware" Arbeitsplatz so zu gestalten, daß sie den Erwartungen der Mitarbeiter entgegenkommt und ihnen zur Erfüllung ihrer Bedürfnisse so wertvoll und attraktiv erscheint, daß sie auf den Eintritt in eine andere Unternehmung verzichten." von Eckardstein, U. et al.: Personalmarketing im Einzelhandel. Berlin 1971, S. 15.

39 Vgl. Scholz, Ch.: Personalmarketing: Wenn Mitarbeiter heftig umworben werden. In: Harvard Manager 1, 1992, S. 94-102, S. 94.

3. Weil sich die objektiven Bedingungen von Beschäftigungsver-
hältnissen in vielen Unternehmungen weitgehend gleichen, entsteht ein Profilierungsproblem.

Die Ziele, die sich aus diesen drei Problembereichen ableiten lassen, sind
entsprechend:

1. Personalmarketing soll dabei helfen, den richtigen Mitarbeiter mit
der richtigen Qualifikation zur richtigen Zeit dazu zu bewegen,
ein Beschäftigungsverhältnis mit der eigenen Unternehmung einzugehen.

2. Personalmarketing soll dabei helfen, die Bedürfnisse der Mitarbeiter authentisch zu ermitteln und durch deren Befriedigung für
die notwendige Arbeitsmotivation zu sorgen.

3. In Zeiten abnehmender Schärfe unternehmerischer Konturen auf
umkämpften Arbeitsmarktsegmenten soll das Personalmarketing
der Schärfung des Unternehmensprofils dienen, um so die notwendige Unterscheidung zu anderen Nachfragern nach Arbeit zu
erzeugen.

Für Wunderer geht die Zielsetzung noch weiter. "Personalmarketing soll
die personale Wertschöpfung optimieren durch attraktive und effiziente
Gestaltung der Arbeitsbedingungen und Entwicklung der Mitarbeiter zu
Mitunternehmern".[40] Die Betonung liegt hier noch deutlicher auf der Per-
son des Mitarbeiters. Die Forderung nach dem Mitarbeiter als Mitunter-
nehmer verlangt die Demokratisierung der Strukturen und die stärkere
Bereitstellung von Partizipationsstrukturen. Ebenso wie bei Scholz liegt
die Begründung in der Bedeutung des Mitarbeiters als wertvollen Produktionsfaktor[41].

---

40 Wunderer, R.: Personalmarketing. In: Die Unternehmung, Nr. 2 1991, S. 119-
131, S. 120.
41 Vgl. Wunderer, R. (1991): S. 120.

Staffelbach nennt als ein weiteres Ziel die Reduktion der eigenen Ausbildungskosten. Die Akquisition von hochqualifizierten Arbeitskräften reduziert die Investitionskosten in Human Capital[42].

Zusammenfassend läßt sich Personalmarketing als Versuch verstehen, sich unter veränderten Wettbewerbsbedingungen im Markt zu behaupten und gleichzeitig einer veränderten Werthaltung und Bedürfnisstruktur der arbeitenden Menschen gerecht zu werden. Während das tayloristische Denken zuerst an der Wirtschaftlichkeit von Produktionsprozessen orientiert war und Personalarbeit nicht viel mehr als einen Verwaltungsaufwand darstellte, muß es heute "... Aufgabe jeder Personalarbeit sein, unter dem Primat humanitärer Überlegungen, einen Kompromiß zwischen Menschlichkeit und Wirtschaftlichkeit zu finden[43]."

2.6. Effizientes Personalmarketing

Die Ökonomie verdankt ihre zentrale Bedeutung der Diskrepanz zwischen den (unbegrenzten) Bedürfnissen einerseits und den begrenzten Gütern andererseits. Zwischen Bedarf und Deckungsmöglichkeiten besteht ein Spannungsverhältnis. Dies zwingt die Menschen zu wirtschaften, d.h. die vorhandenen Mittel so einzusetzen, daß ein möglichst hohes Maß an Bedürfnisbefriedigung erreicht wird[44].

Ökonomen streben danach, die Umwandlung der Ressourcen in Güter ständig zu optimieren und effizient mit ihnen umzugehen. Die lateinische Herkunft des Wortes Effizienz ist ex facere, was soviel bedeutet wie "aus etwas heraus machen". Etwas aus etwas anderem heraus machen heißt, die aufgewandten Mittel, den Input, in ein Verhältnis zu Ergebnis, dem Output, zu setzen. Dies beinhaltet zum einen die Frage nach der Zieleffizienz, bzw. der Frage, ob ein angestrebtes Ziel den Überlebensinteressen der Unternehmung (= Outputeffizienz) dient. Zum anderen ist die Effizienz der aufgewandten Mittel im Rahmen einer Kosten-/Nutzenanalyse (= Inputeffizienz) relevant. Drucker geht über diese Input/Output-

---

42   Vgl. Staffelbach, B. (1995): S. 147.

43   Schmidbauer, H.: Personal-Marketing. Essen 1975, S. 23.

44   Vgl. Baßeler, U. et al.: Grundlagen und Probleme der Volkswirtschaft. Köln 1991, S. 48f.

Betrachtung noch hinaus und definiert Effizienz als "... doing better what is already done"[45].

Neben dieser Objektausrichtung des Effizienzbegriffes ist als weiteres die Subjektausrichtung zu berücksichtigen. Die Frage nach der Effizienz einer Handlung ist zugleich verbunden mit der Frage für wen bzw. aus wessen Sicht die Effizienz beurteilt werden soll. Effizienzüberlegungen sind insofern nur in bezug auf Menschen sinnvoll. Folgt man der im Rahmen dieser Arbeit gewählten Definition von Personalmarketing bzw. dem dahinter stehenden Menschenbild, so ist diese Subjektausrichtung mindestens zweidimensional: Personalmarketingmaßnahmen müssen sowohl aus Sicht der Arbeitgeber als auch aus der Sicht der potentiellen und tatsächlichen Mitarbeiter effizient sein. Sie müssen damit sowohl unternehmerischen Viabilitätsinteressen entsprechen als auch die Bedürfnisse der im Unternehmen arbeitenden Menschen berücksichtigen.

Viabilitätsinteressen sind langfristige Interessen. Diese weichen um so mehr von den kurzfristigen Interessen ab, je dynamischer und komplexer die Märkte, auf denen eine Unternehmung tätig ist, sind. Eine Langfristplanung wird erst durch Umweltveränderungen notwendig.[46]. Langfristige Planungsmaßnahmen, die entscheidende Bedeutung für den unternehmerischen Erfolg haben, werden als strategisch eingeordnet[47]. Das Management von Human-Ressourcen wird heute weitgehend unter dem Begriff des strategischen Entscheidens subsumiert[48]. Insofern soll die strategische Ausrichtung ein weiteres Element dessen sein, was im Rahmen dieser Arbeit unter effizientem Personalmarketing verstanden wird. Das Bewußtsein um die strategische Bedeutung der Personalarbeit ist relativ neu und bedeutet eine klare Abkehr von kurzsichtiger und kurzfristiger Personalverwaltung und -abrechnung[49].

Was die Objektausrichtung des Personalmarketings betrifft, ist eine Unterscheidung der internen und externen Arbeitsmärkte in verschiedene Segmente notwendig, um eine zielgruppengenaue Ansprache zu erreichen. In

45   Drucker, P.: Management. New York 1985, S.45.
46   Vgl. Welge, M. K. et al.: Planung. Prozesse - Strategien - Maßnahmen. Wiesbaden 1992, S. 18.
47   Vgl. Welge, M. K. et al. (1992): S. 5.
48   Vgl. 2.2.
49   Vgl. Scherm, E.: Personalabteilung als Profit Center. In: Personalführung 12/1992, S. 1034-1037, S. 1034.

einem weiteren Schritt muß überlegt werden, welche Segmente mit welcher Intensität bearbeitet werden.

Während in den folgenden Kapiteln die allgemeinen Handlungsparameter der Makro- und Mikroebene skizziert werden, soll im fünften Kapitel ein Vorschlag für die Bearbeitung interner und externer Arbeitsmärkte gegeben werden. Aufgrund der oben beschriebenen Effizienzanforderungen soll sich die Untersuchung auf das Segment akademisch ausgebildeter Mitarbeiter beziehen. Hochqualifizierter Führungsnachwuchs, der immer komplexere Unternehmen in immer dynamischeren Umwelten zu steuern in der Lage ist, wird knapper[50]. Damit steigt die Notwendigkeit eines besonders intensiven Beschaffungsverhaltens seitens der Unternehmung. Der Einsatz des Personalmarketinginstrumentariums kann zudem deutlich flexibler gestaltet werden als z.B. im Bereich der Facharbeiter oder Arbeiter, da das Regulierungsnetzwerk aus Staat, Arbeitnehmer- und Arbeitgeberverbänden hier nicht sonderlich stark ausgeprägt ist.

3. Die Makroebene der Volkswirtschaft: Arbeitsmarkttheoretische Modelle

3.1. Hinführung

Der Markt ist für jedwede Form des Marketings begriffskonstituierend. Der im Rahmen von Personalmarketingmaßnahmen umworbene Markt ist dabei der Arbeitsmarkt. Er stellt den Handlungsparameter für Personalbeschaffungsmaßnahmen dar[51]. Sollen Arbeitsmärkte erfolgreich bearbeitet werden, ist eine Auseinandersetzung sowohl mit dessen Struktur als auch mit den Marktmechanismen erforderlich. Effizientes Personalmarketing bedarf der systematischen Analyse und Nutzung von makroökonomischen Arbeitsmarkttheorien. Die Problematik besteht in der oft deutlichen Realitätsferne der nach der ceteris-paribus-Methode konstruierten volkswirtschaftlichen Theorie. Im folgenden soll der Darstellung der theoretischen Modelle deshalb systematisch die Frage angeschlossen werden, inwieweit hier nützliches Basismaterial für effiziente Personalmarketingentscheidungen bereitgestellt werden kann. In diesem Sinne sollen das neoklassische

---

50   Vgl. Groß-Heitfeld, R.: Externes Personalmarketing. In: Scholz, Ch. et al.: Strategisches Personalmarketing. Stuttgart 1995, S. 159-170, S. 161.

51   Vgl. Oechsler, W. (1994): S. 122.

Grundmodell, die Erweiterungen dieses Modells und die neueren Segmentationstheorien untersucht und aus der Sicht der unternehmerischen Mesoebene analysiert werden.

3.2. Die neoklassische Arbeitsmarkttheorie

3.2.1. Darstellung der Theorie

Im Rahmen der Neoklassik verhält sich der Arbeitsmarkt wie jeder andere Markt entsprechend der allgemeinen Preistheorie. Märkte werden über einen Markt-Preis-Mechanismus gesteuert. Die Neoklassik geht von einem Gleichgewicht aus, das sich aus drei Gründen stets einstellt[52]:

1. Ökonomische Probleme sind Entscheidungs- und Optimierungsprobleme. Das Individuum handelt als Homo oeconomicus und stellt zu jeder Entscheidung einen Kosten-Nutzen-Vergleich an. Maßstab seines Handelns ist dabei der Grenznutzen. Bezogen auf den Arbeitsmarkt heißt dies: Der Mensch versucht so lange mehr als bisher zu arbeiten, wie die folgende Stunde Arbeit ihm einen größeren Nutzen bringt als die Stunde an Freizeit, die er dadurch verliert. Mit steigendem Lohnsatz sinkt der Grenznutzen der Freizeit und steigt der des Einkommens.

2. Ausgangspunkt dieses Kosten-Nutzen-Kalküls ist der Marktpreis. Der Preis bestimmt die Handlungen der Akteure im Markt. Im Arbeitsmarkt ist der Lohnsatz der Preis, der das Arbeitsangebot und die Arbeitsnachfrage bestimmt[53].

3. Der Preis, der sich auf dem Markt über Angebot und Nachfrage einpendelt, läßt ein Gleichgewicht entstehen.

Grundlage dieser Annahmen ist das Saysche Theorem, nachdem sich jedes Angebot seine Nachfrage schafft. Auf dem Arbeitsmarkt würde dies bedeuten, daß derjenige, der zum bestehenden Lohnsatz arbeiten will, auch

---

52 Vgl. Lärm, T.: Arbeitsmarkttheorie und Arbeitslosigkeit. Systematik und Kritik arbeitsmarkttheoretischer Ansätze. Frankfurt 1982, S. 66ff.

53 Vgl. Keller, B.: Einführung in die Arbeitspolitik. München 1991, S. 177.

Arbeit findet. Unfreiwillige oder anhaltende Arbeitslosigkeit kommen in diesem Modell nicht vor[54].

Damit dieser Gleichgewichtsautomatismus funktioniert, setzt die Neoklassik eine Reihe von Annahmen voraus, die ceteris paribus zu gelten haben[55]:

a) Arbeitskraft ist ein homogener, vollständig zu substituierender Produktionsfaktor.

b) Es herrscht vollständige Markttransparenz und Information der Marktteilnehmer.

c) Die Arbeitnehmer sind unbeschränkt mobil.

d) Es herrscht vollständige Konkurrenz auf dem Arbeitsmarkt.

e) Die Marktteilnehmer handeln als Gewinn- bzw. Einkommensmaximierer.

f) Die Löhne sind vollkommen flexibel und passen sich augenblicklich an verändertes Nachfrageverhalten an.

g) Jede produzierte Gütermenge kann immer abgesetzt werden.

Arbeit und Freizeit befinden sich in den neoklassischen Grundüberlegungen in einem substitutiven Verhältnis. "Arbeit wird utilitaristisch[56] als Arbeitsleid, dem man sich nur zum Zwecke der Einkommenserzielung unterzieht, Freizeit dagegen als Gut mit einem originären Nutzen definiert"[57]. Es erfolgt eine scharfe Trennung zwischen Arbeitszeit und Freizeit. Der Mensch arbeitet, um zu leben, aber das wahre Leben findet außerhalb der Arbeit[58] statt. Voraussetzung dafür ist allerdings, daß ein eindeutiges

---

54   Vgl. Keller, B. (1991): S. 178.

55   a)-e) Vgl. Keller, B. (1991): S. 178; f)-g) Vgl. Sesselmeier, Werner; Blauermel, Gregor: Arbeitmarkttheorien. Heidelberg 1990, S. 20.

56   Die utilitaristische Ethik geht von der These aus, daß der Mensch danach strebt und danach zu streben habe, die Menge an Glück zu maximieren und die Menge an Leid zu minimieren. Vgl. Höffe, O. (Hrsg.): Einführung in die utilitaristische Ethik. Tübingen 1992. S.10ff.

57   Sesselmeier, W. et al.: Arbeitsmarkttheorien. Heidelberg 1990, S. 21.

58   Vgl. Gorz, A.: Abschied vom Proletariat. Frankfurt 1980, S.75.

Präferenzfeld von Nutzenschätzungen Freizeit versus Einkommen besteht, artikuliert werden kann und im Zeitverlauf konstant ist[59].

Mißt der Arbeiter sein erzieltes Einkommen an der Gütermenge, die er dafür erwerben kann, fragt der Unternehmer umgekehrt bei jeder Investitionsentscheidung nach der Gütermenge, die er auf dem Gütermarkt absetzen kann. Sind die Grenzkosten einer produzierten Einheit höher als der zu erzielende Grenzertrag, reduziert der Unternehmer seine Arbeitsnachfrage im neoklassischen Gewinnmaximierungsmodell[60].

3.2.2. Bedeutung für ein effizientes Personalmarketing

Die Realitätsferne des neoklassischen Basismodells ist offensichtlich und vielfach kritisiert und überarbeitet worden[61]. Hier sollen einige Kritikpunkte angeführt werden, die aus der Sicht eines effizienten Personalmarketings besonders entscheidend sind.

1. Die Konstruktion des Homo oeconomicus generiert die Vorstellung, menschliche Bedürfnisse seien das Ergebnis ökonomischen Abwägens von Kosten-Nutzen-Relationen. Die Konsequenz ist, daß ein steigendes Sozialprodukt auf Makroebene, steigende Gewinne auf der Mesoebene und die Anhäufung von Konsumgütern auf der Mikroebene zu Indikatoren für Wachstum und Bedürfnisbefriedigung werden. Der Homo oeconomicus unterwirft sich der Fiktion, daß alle Lebenswerte sich auf marktmäßige Tauschwerte reduzieren lassen[62]. Die Gestalt des Homo oeconomicus beruht auf der Prämisse, daß objektive allgemeingültige Wertvorstellungen und Bedürfnisse existieren. Dies mag in der Welt dieses "Idealmenschen" durchaus der Fall sein, angewandt auf die Realität läßt es sich jedoch nicht halten. Vorstellungen von Lebensqualität sind subjektiv variierend und lassen sich kei-

---

59 Vgl. Pfriem, H.: Konkurrierende Arbeitsmarkttheorien. Neoklassische, duale und radikale Ansätze. New York 1979, S.73.

60 Vgl. Sesselmeier, W. (1990): S. 23.

61 Vgl. 3.3.

62 Vgl. Funkhouser, G.R.: Das Dogma vom Wachstum. Wiesbaden 1989, S. 25. Vgl. auch: Simonis, U.E.: Ökologische Orientierung. Berlin 1988, S. 35.

nem objektiven Maßstab unterordnen[63]. In der Figur des Homo oeconomicus lassen sich kommunikative Bedürfnisse, das Streben nach Selbstverwirklichung oder gar ein selbstloses soziales Engagement kaum fassen. Das Verhalten auf externen und internen Arbeitsmärkten kann mit dem reduzierten Menschenbild der Neoklassik nicht beschrieben und begriffen werden.

2. Die dualistische Trennung von Arbeits- und Freizeitwelt erzeugt die oben beschriebene Vorstellung[64] von der Arbeit als einem notwendigen Übel und der Freizeit als dem eigentlichen Bereich der Lebensqualität und der Bedürfnisbefriedigung. Die produktive Bedürfnisbefriedigung, die der Arbeitende sucht, die zunehmende Forderung nach sinnvoller Arbeit und Arbeitsfreude, wird hier völlig unterdrückt[65].

3. Die Vorstellung, daß der Lohnsatz sich in Form einer Auktion über Angebot und Nachfrage sukzessive anpaßt und zu einer Markträumung führt, ist nicht haltbar. Gesetzliche Regelungen und die Monopolisierung der Arbeitsmärkte durch Arbeitgeberverbände und Gewerkschaften nehmen der Lohnsatzgestaltung die notwendige Dynamik und Flexibilität. Personalarbeit findet in Deutschland unter den Bedingungen eines eng geflochtenen Regelnetzwerkes statt.

4. Die Arbeitskraft als einen homogenen Produktionsfaktor zu betrachten, entspricht nicht mehr der Realität einer sich immer weiter ausdifferenzierenden Arbeitswelt[66]. Statt durch Homogenität zeichnet sich die späte Industriegesellschaft durch ein heterogenes Nebeneinander quantitativen Überangebotes und qualitativen Mangels aus[67].

---

63 Vgl. Ulrich, P.: Wirtschaftsethik und Unternehmungsverfassung. In: Ulrich H. (Hrsg.): Management Philosophie für die Zukunft. Bern 1981, S. 57-79, S. 59.

64 Vgl. 3.2.

65 Vgl. Ulrich, P.: Transformation der ökonomischen Vernunft. Bern 1993. S. 103.

66 Vgl. Darstellung der Segmentationstheorien in 3.4.

67 Vgl. Staffelbach, B. (1995): S. 151.

Eine Erkenntnis der Neoklassik ist für den personalpolitischen Entscheider allerdings von Bedeutung: Obwohl von einem durch unsichtbare Hand zu erlangenden Gleichgewicht von Arbeitsangebot und -nachfrage nicht ausgegangen werden kann, scheint doch die Behauptung, daß sich um so eher ein Gleichgewicht einstellt, je flexibler sich die Lohnsatzgestaltung vollzieht, eine gewisse Berechtigung zu haben. Die aus den stabilen Verhältnissen der Industriegesellschaft stammenden Lohnfindungsprozesse über Aushandlungsprozesse zwischen Gewerkschaften und Arbeitgeberverbänden führen zu einer Lohnrigidität, die u.U. Arbeitslosigkeit erzeugt und zur forcierten Substitution der Arbeit durch Maschinen geführt hat. Flexiblere Lohngestaltungsmodelle, etwa in Form von Cafeteria-Modellen[68] auf der Ebene der Unternehmung könnten hier von Vorteil sowohl für die Unternehmung als auch für die Mitarbeiter sein[69].

Als Fazit läßt sich trotz dieses Hinweises auf die Notwendigkeit der Entgeltflexibilisierung feststellen, daß die neoklassische Arbeitsmarkttheorie kaum in der Lage ist, die Bedingungen auf den Arbeitsmärkten abzubilden, die dort vorliegenden Gesetzlichkeiten zu erklären und Handlungsparameter für personalpolitische Entscheidungen auf der Unternehmensebene zu liefern.

3.3. Erweiterungen des neoklassischen Basismodells

3.3.1. Darstellung der Theorien

Aufgrund seiner Schwächen ist das neoklassische Basismodell in einer Reihe neuerer Ansätze kritisiert und weiterentwickelt worden, die allerdings ihrerseits, ebenfalls in neoklassischer Tradition stehend, nur partielle Verbesserungen vorgenommen haben. Beispielhaft sollen hier die Suchtheorie und die Humankapitaltheorie skizziert werden.

1. Suchtheorie und Moral Hazard: Im Rahmen der Suchtheorie werden drei unhaltbare Annahmen der Neoklassik fallengelassen, die Homogenität der Arbeit, die einheitliche Entlohnung sowie die vollständige Information bzw. Markttransparenz. Im Mittelpunkt steht die Analyse

---

68   Vgl. 5.2.

69   Vgl. Oechsler, W. (1994): S. 360ff. Vgl. auch Oechsler, W.: Personalentwicklung in einem Arbeitsrecht von gestern. In: ZfP 1/1993, S. 25-33.

von Arbeitsplatzwechseln[70]. Das Individuum, so die Annahme, ist bereit, ein sicheres Arbeitsverhältnis freiwillig zu verlassen, wenn es die Möglichkeit einer Verbesserung sieht. Die Suche nach einem Arbeitsplatz erfordert einen nicht unerheblichen Informationsaufwand, so daß das Individuum gezwungen ist, die freiwillige Arbeitslosigkeit zu wählen, um sich auf die Beschaffung von Informationen zu konzentrieren[71]. Eine Arbeitsplatzsuche ist dabei solange sinnvoll, "... wie die erwarteten zukünftigen Mehreinnahmen die aktuellen Suchkosten übersteigen"[72]. Unterscheidet die Neoklassik die Zeit in Arbeit und Freizeit, so kommt hier eine neue Komponente hinzu: Die Zeit des Arbeitslosen wird eingeteilt in Suche und Freizeit[73]. Bei seiner Suche hat das Individuum bestimmte Vorstellungen von der Höhe des Lohnes, die es zur Annahme einer bestimmten Arbeit bringen könnte. An dieser Lohnvorstellung ansetzend, behauptet die Moral Hazard Theorie, daß die Arbeitslosenversicherung die Bereitschaft, eine Arbeit anzunehmen absenkt. "Je größer das Einkommen aus Arbeitslosenunterstützung relativ zum Arbeitseinkommen ist, um so größer ist auch die Tendenz der Arbeiter, Freizeit zu genießen und höhere Anforderungen an die Arbeitsstelle betreffs Lohn, Betriebsklima usw., zu stellen"[74].

Auch die Suchtheorie unterliegt der Kritik. Besonders stark wird die Reduzierung jeder Form von Arbeitslosigkeit auf Sucharbeitslosigkeit kritisiert. Unfreiwillige Arbeitslosigkeit, wie sie typisch ist für die momentane ökonomische Situation, kann in dieser Theorie nicht erfaßt werden. Rothschild anerkennt zwar, daß Lohnhöhe, Arbeitsbedingungen etc., die Auswahl zwischen vorhandenen Arbeitsmöglichkeiten beeinflussen; er bezweifelt aber die Bereitschaft, sich in eine freiwillige Arbeitslosigkeit zu begeben.[75]

---

70 Vgl. Keller, B. (1991): S. 182.

71 Vgl. Sesselmeier, W. (1990): S. 42.

72 Sesselmeier, W. (1990): S. 43. Lärm versteht Sucharbeitslosigkeit als "freiwillige Selbstbeschäftigung in der Produktion von Information." Lärm, T. (1982): S. 101.

73 Vgl. Sesselmeier, W. (1990): S. 44.

74 Grubel, H.G.: Soziale Sicherung und Weltinflation. In: Giersch, H. (Hrsg.): Kieler Vorträge, Band 78, S.12.

75 Vgl. Rothschild, K.W.: Unvollkommene Information und Arbeitsmarkt. Suchtheorie der Arbeitslosigkeit. In: WiSt, Heft 11, S. 518-523, S. 25.

2. Humankapitaltheorie: Diese Theorie stellt die Homogenität der Arbeit grundsätzlich in Frage. Heterogenität entsteht danach über die unterschiedlichen Qualifikationen der Arbeiter. Qualifikation erzeugt Produktivitätsunterschiede. Je höher die Qualifikation, desto größer die Produktivität. Über die neoklassische Annahme des einkommensmaximierenden Homo oeconomicus wird nunmehr ein Zeitstrahl gelegt. Das Individuum strebt nach Auffassung der Humankapitaltheorie nach Maximierung des Lebenseinkommens. Angenommen wird dabei ein positiver Zusammenhang zwischen der Lohnhöhe und den Ausbildungskosten[76]. "Das gebildete Humankapital stellt in dieser Betrachtungsweise einen Wert dar, der sich, wie bei jedem anderen Produktionsmittel auch, durch einzelwirtschaftliche Kalkulation ermitteln läßt und dessen Nutzung vom Unternehmer in Form von Löhnen bezahlt werden muß..."[77]. Bildungs- und Ausbildungsvorgänge werden somit im ökonomischen Optimierungskalkül endogenisiert. Der Lohnsatz kann dann sogar über dem gegenwärtigen Grenzprodukt der Arbeit liegen. Entscheidend sind nun der diskontierte Gegenwartswert der Erlöse und der diskontierte Gegenwartswert der Lohn- und Ausbildungskosten[78].

Die Humankapitalinvestitionen werden unterschieden in allgemeine und spezielle Investitionen. "Erstere erhöhen die Qualifikation ... auf allen Arbeitsmärkten in gleichem Maße, letztere nur die auf speziellen Arbeitsmärkten"[79].

Das Verdienst der Humankapitaltheorie liegt darin, die Annahme der Homogenität der Arbeit aufgehoben zu haben. Kritisieren muß man allerdings, daß die Arbeitslosigkeit hier zu einem rein individuellen Investitionsrisiko reduziert wird. Armut und Arbeitslosigkeit sind dann selbstverschuldete Zustände[80]! Ein weiterer Kritikpunkt, der hier noch erwähnt werden soll, ist die Annahme, höhere Qualifikation führe automatisch zu höherer Entlohnung. Tatsächlich werden aber nur *benö-tigte* Qualifikationen besser bezahlt, so daß man durchaus von einer

76 Vgl. Keller, B. (1991): S. 180.
77 Sesselmeier, W. (1990): S. 58.
78 Vgl. Sesselmeier, W. (1990): S. 58.
79 Keller, B. (1991): S. 180, Hervorhebung im Original.
80 Vgl. Scheuer, M.: Zur Leistungsfähigkeit neoklassischer Arbeitsmarkttheorien. Bonn 1987, S. 81.

Selektion der Bildung durch die Marktverhältnisse sprechen kann[81].
Die menschliche Bildung allein nach ökonomischen Notwendigkeiten
zu beurteilen ist zudem ein theoretischer Rückschritt in Richtung auf
das tayloristische Menschenbild[82].

3.3.2. Bedeutung für ein effizientes Personalmarketing

1. Suchtheorie: Wie die Annahme des Moral Hazard zeigt, bedeutet ein
   dichtes soziales Netz, wie die Bundesrepublik Deutschland es aufweist,
   eine Verbesserung der Position des Arbeiters gegenüber dem Arbeitgeber. Die Bereitschaft, ein Arbeitsverhältnis einzugehen, wird gesenkt.
   Wenn unter diesen Bedingungen ein Arbeitskräftemangel vorherrscht -
   und auf dem hier betrachteten Arbeitsmarkt für hochqualifiziertes Personal ist dies durchaus gegeben - dann sieht sich jede Unternehmung
   mit steigenden Anforderungen an die Arbeitsstelle konfrontiert. Dies
   führt zwangsläufig zu einem Profilierungszwang. Die Entlohnung, die
   Attraktivität der Arbeitsstelle etc., müssen über ein effizientes Personalmarketing "verkauft" werden. Von entscheidender Bedeutung ist
   hier zudem die aktive Informationssuche, die durch die Suchtheorie
   betont wird. Der Arbeitssuchende ist zu größeren Suchanstrengungen
   bereit. Die Profilierung der eigenen Unternehmung setzt also Untersuchungen darüber voraus, auf welche Art und Weise der einzelne diese
   Suche betreibt und welches die jeweils relevanten Informationen sind,
   die es seitens der Unternehmung bereitzustellen gilt.

2. Humankapitaltheorie: Im Rahmen dieser Theorie wird zunächst die
   Qualifikation der Arbeiter untersucht. Qualifikation, so wurde bereits
   gezeigt, wird mit Produktivität gleichgesetzt. Neben der Investition in
   den Produktionsfaktor Kapital ergibt sich als Konsequenz die Notwendigkeit, auch in den Produktionsfaktor Arbeit zu investieren, um
   den unternehmerischen Erfolg zu sichern. Ökonomische Optimierung
   ist dann immer auch das Ergebnis optimaler Gestaltung von Weiterbil-
   dungsmaßnahmen in der Unternehmung bzw. dem gezielten Anwerben
   qualifizierter Kräfte aus anderen Unternehmen oder aus Primärausbil-
   dungsstätten wie z.B. den Universitäten. Ein weiterer wichtiger Punkt

---

81   Vgl. Lärm, T. (1982): S. 123.
82   Vgl. Sesselmeier, W. (1990): S. 68.

ist der postulierte Zusammenhang zwischen Lohn- und Qualifikationshöhe. Dieser Zusammenhang ist, wie gezeigt, kein Automatismus, kann aber von der Unternehmung bewußt gestaltet werden und so als Motivator nach Innen und Profilierung nach Außen genutzt werden.

Sowohl die Humankapitaltheorie, als auch die Suchtheorie bleiben dem neoklassischen Paradigma verhaftet. Das Zerrbild des Homo oeconomicus wird aufrechterhalten, so daß eine differenzierte Betrachtung der Bedürfnisstrukturen der Arbeitnehmer bzw. Arbeitssuchenden gegenüber den Unternehmen nicht abgeleitet werden kann. Zudem bleiben beide Ansätze noch sehr stark den stabilen Verhältnissen der Industriegesellschaft verhaftet, die in dieser Form kaum noch vorliegen. Der zunehmenden Dynamik und Komplexität, die die späte Industriegesellschaft aufweist, werden auch die Erweiterungen der neoklassischen Basistheorie nicht gerecht. Die Arbeitsmärkte und ihre Mechanismen können deshalb nur partiell abgebildet, Handlungsparameter nur ungenau festgelegt werden.

3.4. Die Segmentationstheorien

3.4.1. Darstellung

Die Segmentationstheorien entstanden aus der Diskrepanz der theoretisch vollkommenen Arbeitsmarktmodelle und der Arbeitsmarktrealität[83]. Es handelt sich dabei allerdings weniger um ein in sich geschlossenes Paradigma als vielmehr um eine Ansammlung von Theoremen[84]. Ausgangspunkt der verschiedenen Segmentationstheorien ist die Annahme, daß verschiedene Teilarbeitsmärkte existieren. Diese Annahme wird zwar von den neoklassischen Basistheoretikern bestritten, nicht mehr jedoch von den neueren Vertretern, etwa den Humankapitaltheoretikern[85]. Neu im Rahmen der Segmentationstheorie ist die Behauptung, daß zwischen den Teilarbeitsmärkten Barrieren bestehen. Teilarbeitsmärkte sind "... durch bestimmte Merkmale von Arbeitsplätzen oder Arbeitskräften abgegrenzte

---

83   Vgl. Sesselmeier, W. (1990): S. 149.

84   Vgl. Lutz, B.: Arbeitsmarkt und betriebliche Arbeitskräftestrategie: Eine theoretisch-historische Skizze zur Entstehung betriebszentrierter Arbeitsmarktsegmentation. Frankfurt 1987, S. 1.

85   Vgl. 3.3.

Struktureinheiten des Arbeitsmarktes, innerhalb derer die Allokation, Gratifizierung und Qualifizierung der Arbeitskräfte einer besonderen, mehr oder weniger stark institutionalisierten Regelung unterliegt"[86].

Versucht man, die grundsätzlichen Aussagen der verschiedenen Segmentationstheorien zu strukturieren, kristallisieren sich zwei Kernaussagen heraus[87]:

1. Die *duale Arbeitsmarkttheorie* unterteilt den Gesamtarbeitsmarkt in einen primären und einen sekundären Teilarbeitsmarkt. Dem primären Teilmarkt werden Unternehmen mit hoher Kapitalintensität, hoher Produktivität und hohen Profitraten zugerechnet[88]. Die Arbeitsplätze in diesen Unternehmen zeichnen sich u.a. durch folgende Eigenschaften aus[89]:
   - Stabilität
   - gute Arbeitsbedingungen
   - geringe Fluktuation
   - festgelegte Karrieremuster bei guten Aufstiegschancen
   - hohes Einkommen.

Der sekundäre Sektor umfaßt diejenigen Unternehmen, die einer starken Konjunkturabhängigkeit unterliegen[90]. Kennzeichen der Arbeitsplätze in diesem Sektor sind u.a.[91]:
   - instabile Arbeitsverhältnisse
   - schlechte Arbeitsbedingungen
   - geringe Qualifikationsanforderungen
   - häufige Arbeitslosigkeit
   - hohe Fluktuation
   - keine oder nur geringe Aufstiegschancen.

In ihrer Weiterentwicklung unterscheidet die duale Arbeitsmarkttheorie einen internen und einen externen Arbeitsmarkt. "Der interne Arbeits-

---

86   Sengenberger, W.: Arbeitsmarktstruktur - Ansätze zu einem Modell des segmentierten Arbeitsmarktes. Frankfurt 1975, S. 29.
87   Vgl. Oechsler, W. (1994): S. 123f.
88   Vgl. Oechsler, W. (1994): S. 123.
89   Vgl. Sesselmeier, W. (1990): S: 155.
90   Vgl. Oechsler, W. (1994): S. 124.
91   Vgl. Sesselmeier, W. (1990): S: 155.

markt besteht aus organisatorischen Einheiten... in denen Einstellungen, Beförderungen, Entlassungen nach normativen Regeln erfolgen. Damit wird das bereits beschäftigte Arbeitskräftepotential vom außerbetrieblichen Markt abgeschirmt"[92]. Der externe Arbeitsmarkt ist dagegen der außerbetriebliche Arbeitsmarkt, auf dem die Unternehmen ihre Arbeitskräfte rekrutieren bzw. in den die Arbeitnehmer ausscheiden[93].

2. Die *Theorie des dreigeteilten Arbeitsmarktes*: Dieser Ansatz stellt den Versuch dar, die für US-amerikanische Verhältnisse entwickelte Theorie des dualen Arbeitsmarktes für deutsche Arbeitsmarktverhältnisse fruchtbar zu machen[94]. Der bundesdeutsche Arbeitsmarkt wird in drei Teilarbeitsmärkte aufgeteilt[95]:

a) Der fachliche Teilarbeitsmarkt umfaßt Arbeitskräfte mit einem hohen Ausbildungsniveau (z.B. Facharbeiter, Akademiker).

b) Der betriebsinterne Teilarbeitsmarkt umfaßt Arbeitnehmer mit betriebsspezifischen aber nur geringen bzw. keinen überbetrieblichen Qualifikationen.

c) Der Jedermannarbeitsmarkt besteht aus den ungelernten Kräften, die weder unternehmensspezifische, noch sonstige fachliche Qualifikationen aufweisen können.

3.4.2. Bedeutung für ein effizientes Personalmarketing

Mit den Segmentationstheorien liegen zum ersten Mal Arbeitsmarktbeschreibungen vor, die die Makroebene des Arbeitsmarktes mit der Mesoebene der Unternehmung vernetzen und darüberhinaus sogar noch einen Bezug zum jeweils herrschenden System der industriellen Beziehungen herstellen. Der im Vergleich zur Neoklassik stärkere Realitätsbezug erlaubt es, die arbeitsmarkttheoretischen Zusammenhänge besser zu begreifen und in Handlungsparameter umzusetzen.

---

92   Oechsler, W. (1994): S. 124.
93   Vgl. Oechsler, W. (1994): S. 124.
94   Vgl. Keller, B. (1991): S. 188.
95   Vgl. Oechsler, W. (1994): S. 124, vgl. auch Sesselmeier, W. (1990): S. 191.

Entscheidungshilfen für die Unternehmen können dabei die folgenden Aspekte darstellen:

1. Die bundesdeutschen Arbeitsbeziehungen sind durch ein dichtes Regelwerk und eine starke Monopolisierung in Form von Verbänden und Gewerkschaften geprägt. Die differenzierte Betrachtung der Arbeitsmärkte ermöglicht es, die Einfluß- und Machtfaktoren etwa bei der Lohn- oder der Arbeitszeitfindung deutlicher herauszuarbeiten, als dies im Rahmen der undifferenzierten neoklassischen Betrachtungsweise möglich ist.

2. Wie bereits betont, beruht ein erfolgreiches Marketing auf einem möglichst differenzierten Marktverständnis. Je globaler aber die Marktbeschreibungen sind, desto undifferenzierter wird das Marktverständnis. Dies führt zwangsläufig zu sehr hohen Streuverlusten beim Einsatz der Marketinginstrumente. Eine Marktsegmentierung, wie sie hier vorgenommen wird, ermöglicht eine genauere Zielgruppenanalyse und Zielgruppenansprache. Damit wächst der potentielle Erfolg der Marketingmaßnahmen. Effizientes Personalmarketing beruht u.a. darauf, daß es gelingt, die richtige Zielgruppe mit den richtigen Mitteln zum richtigen Zeitpunkt zu umwerben.

   Über Kosten-Nutzen-Analysen läßt sich feststellen, an welcher Stelle Qualifikationsinvestitionen sinnvoll sind. Beispielsweise läßt sich unter Knappheitsgesichtspunkten unschwer erkennen, daß eine Investition in den Jedermannarbeitsmarkt sinnlos ist, weil dort zum einen ein Überangebot herrscht und zum anderen fachliche Qualifikation nur in ganz reduziertem Maße notwendig sind. Unter dem Gesichtspunkt der Loyalität zeigt sich, daß auf dem fachlichen Teilmarkt größere Anstrengungen notwendig sind als auf dem betriebsinternen Teilmarkt. Arbeitskräfte auf Letzterem sind bereits über die auf die Unternehmung zugeschnittenen Qualifikationen in besonderer Weise gebunden, so daß das Mobilitätsbedürfnis sicherlich geringer ist als bei hochqualifizierten Fachkräften, deren Fähigkeiten auch anderen Unternehmen von Nutzen sein könnten.

3. Effizientes Personalmarketing richtet sich sowohl nach außen als auch nach innen. Nach außen soll Profilierung, nach innen Loyalität erzeugt werden. Die segmentationstheoretische Unterscheidung des externen

vom internen Arbeitsmarkt liefert die theoretische Grundlage für eine entsprechende Differenzierung der Personalmarketinginstrumente.

4. Humankapitalinvestitionen werden auch von staatlicher Seite, etwa über das Berufsbildungssystem oder die Universitäten, bereitgestellt. Die Marktsegmentierung erlaubt eine eingehende Analyse der bereits gegebenen Qualifikationen. Dadurch läßt sich zum einen feststellen, welche Qualifikationsmaßnahmen die einzelne Unternehmung zusätzlich noch zu tätigen hat und zum anderen läßt sich zumindest grob aufzeigen, wo Angebots- bzw. Bedarfslücken auf dem Arbeitsmarkt entstehen.

Von den hier skizzierten Arbeitsmarkttheorien scheinen somit die Segmentationsansätze am besten dazu in der Lage zu sein, die Handlungsparameter auf dem Arbeitsmarkt zu beschreiben, die das personalpolitische Handeln beschränken.

Eine eingehende Analyse und sinnvolle Segmentierung der Arbeitsmärkte ist conditio sine qua non eines effizienten Personalmarketings. Die nachfolgende Tabelle stellt die wesentlichen Aussagen zur Realität dieser Theorie und ihre Relevanz für das Personalmarketing nochmals im Überblick dar:

Merkmal	Neoklassische Arbeitsmarkttheorie	Erweiterungen des Basismodells	Segmentationstheorien
Realitätsnähe	-	-	+
Einfachheit	+	+/-	+/-
Homo oeconomicus	-	-	+
Vollständige Information	-	+	+
Homogenität des Faktors Arbeit	-	-	+
Trennung Arbeits- und Freizeitwelt	-	-	-/+

Tabelle 1: Vergleich der arbeitsmarkttheoretischen Modelle

4. Die Mikroebene des Individuums: Verhaltenswissenschaftliche Theorien über den Zusammenhang von Arbeitsmotivation, Arbeitsleistung und Arbeitszufriedenheit

4.1. Hinführung

Während die oben beschriebenen makroökonomischen Arbeitsmarktmodelle den Handlungsrahmen personalpolitischer Aktivitäten vorgeben, soll im folgenden auf der Mikroebene des Individuums der Frage nachgegangen werden, welchen Bedingungen die erfolgreiche Aktivierung und Steuerung menschlichen Handelns unterliegt. Es ist somit zu fragen, was den einzelnen Menschen dazu motiviert, bestimmte Dinge zu tun und andere zu unterlassen, bestimmte Umweltzustände zu suchen und andere zu meiden, sich wohl oder unwohl zu fühlen.

Wenn Maßnahmen, die im Personalmarketing ergriffen werden, auf effiziente Weise Handlungen lenken, anreizen oder stabilisieren sollen, dann müssen die Möglichkeiten und Grenzen der Beeinflussung ex ante erkannt und bei der Umsetzung berücksichtigt werden.

Fragt man nach dem "Warum" menschlichen Verhaltens und Erlebens, stellt man die Frage nach der Handlungsmotivation[96]. Unter Motivation versteht man die "... aktivierte Verhaltensbereitschaft eines Individuums im Hinblick auf die Erreichung bestimmter Ziele"[97].

Die im Rahmen der Motivationsforschung geführte Debatte beschäftigt sich mit der Frage, ob Verhalten als mechanistische, d.h. als unbewußte und vom Individuum nicht steuerbare Reflexhandlung zu verstehen ist, oder ob das Verhalten nicht vielmehr Ergebnis eines kognitiven Prozesses darstellt. Das erste Konzept ist das ältere und beruht auf den Ergebnissen der Stimulus-Response-Forschung z.B. von Skinner und Pavlov.

Die Kognitionsforschung ist der neuere Ansatz und untersucht die von Pavlov und Skinner als Black Box ignorierten Abläufe im Inneren des Individuums, die zu einem bestimmten Verhalten führen bzw. nicht führen[98]. Die im Rahmen dieser Arbeit vorgestellten Ansätze stehen in der Tradition dieser sogenannten Stimulus-Cognition-Response-Ansätze.

---

96 Vgl. von Rosenstiel, L.: Motivation von Mitarbeitern. In: von Rosenstiel, L. et al.: Führung von Mitarbeitern. Stuttgart 1993, S. 153-172, S. 154.

97 Hentze, J. et al.: Personalführungslehre. Bern 1990, S.40.

98 Vgl. Weiner, B.: Theories of motivation. Chicago 1972, S. 1ff.

Motivationstheorien differenzieren oft zwischen den Begriffen Motiv und
Motivation; am häufigsten in der Form, daß Motiv die Bereitschaft eines
Individuums zu einem bestimmten Verhalten bezeichnet: der Motivbegriff
ist damit Ausdruck für eine Disposition des Menschen und steht für ein
latentes Verhalten. Unter Motivation werden dagegen aktualisierte Be-
weggründe des Verhaltens (Bedürfnisse, Strebungen, Wünsche) gefaßt[99].
"... Motiv ist ein Element der umfassenden Gesamtheit Motivation"[100].

Aus latenten Motiven, die sich auch als Persönlichkeitsdispositionen um-
schreiben lassen, entstehen aktuelle Motivationen, wenn Situationsfakto-
ren dies anregen. Die Aufforderungsgehalte von Situationen bewegen das
Individuum dazu, "... den voraussichtlichen Gang der Ereignisse durch
eigenes Handeln in motivdienlicher Weise zu steuern oder einen motivab-
träglichen Gang der Ereignisse aufzuhalten und umzulenken"[101].

Der Motivationsbegriff spiegelt in diesem Sinne den Willen des Individuums wider, seine durch gefühlsmäßige Erregung bewirkte Leistungsfähigkeit in bestimmter Richtung zu nutzen, und zwar jeweils in der Richtung,
für die es motiviert ist. Insofern resultiert aus einer bestimmten Motivation
eine Akzentuierung und Selektivität des Verhaltens. Motivation konzentriert damit die Aufmerksamkeit und das Verhalten auf das jeweils wichtig
Erscheinende[102].

Die Aktualisierung der latent vorhandenen Motive erfolgt über Anreize.
Im Rahmen unternehmerischer Motivationsaktivitäten können unter Anreizen alle monetären und nichtmonetären Leistungen der Unternehmung
verstanden werden, "... die die Verhaltensbereitschaft zum Eintritt in die
Organisation oder zur Leistung aktivieren"[103]. Mit dieser Definition der
Stimuli läßt sich der für diese Arbeit gewählte Definitionsbereich eines
effizienten Personalmarketings, nämlich die Bearbeitung des externen und
des internen Arbeitsmarktes, vollständig erfassen.

---

99   Vgl. Herbert, H.-J.: Motivationspsychologie. Stuttgart 1976, S. 16.

100 Hentze, J. et al. (1990): S. 41.

101 Heckhausen, H.: Motiv und Motivation. In: Herrmann, T. et al.: Handbuch
     psychologischer Grundbegriffe. München 1977, S. 299.

102 Vgl. Berelson, B. et al.: Menschliches Verhalten, Bd. 1. Weinheim 1974, S. 160
     und S. 164.

103 Hentze, J. et al. (1990): S. 41.

Menschen tragen eine Vielzahl von Motiven in sich. Wenn man nun unter Motivation die Gesamtheit der aktivierten Motive versteht, dann kann man weiter spezifizierend unter Arbeitsmotivation jenes Bündel an Anreizen verstehen, das in Arbeitssituationen Motive/Bedürfnisse aktiviert. Arbeitszufriedenheit entsteht dann durch die Befriedigung der jeweils aktivierten Bedürfnisse. Die Steuerung dieses Kreislaufes aus Bedürfnisaktivierung und Arbeitszufriedenheit überschreitet in seiner Komplexität den Bereich des Arbeitshandelns, da "... Arbeitsmotivation auch durch Motive und Anreize aus anderen Bereichen der Lebenswelt erzeugt werden kann"[104].

Der Einfluß auf das Arbeitsverhalten der Mitarbeiter wird durch diesen hohen Komplexitätsgrad der Einflußfaktoren beschränkt. Nichtsdestotrotz strebt eine Unternehmung danach, möglichst effektive Steuerungsprozesse zu schaffen, um die Arbeitsleistung und die Arbeitszufriedenheit der Mitarbeiter zu beeinflussen. Gelingt es einer Unternehmung, Anreiz- und Belohnungsstrukturen im Zeitablauf zu stabilisieren, stabilisieren sich auch die Verhaltenserfahrungen der bearbeiteten internen und externen Arbeitsmarktsegmente soweit, daß sich Einstellungen zur Unternehmung herausbilden und verfestigen[105]. Andererseits entsteht über diese Art motivationaler Lernprozesse auch ein bestimmtes Anspruchsniveau der Mitarbeiter und der umworbenen potentiellen Mitarbeiter.

Die Umweltstimuli führen nicht direkt zu gewünschten Handlungen, sondern dies erfolgt lediglich indirekt über einen selektiven Wahrnehmungsprozeß, der vor allem gesteuert wird durch Motive, Anspruchsniveaus, Einstellungen und Erwartungen[106]. Die Komplexität motivationaler Aktivitäten besteht nun darin, daß diese Wahrnehmungsprozesse individuell verschieden sind und einem Veränderungsprozeß unterliegen, den die Unternehmung nur bedingt beeinflussen kann, da die Veränderungsimpulse auch aus dem sozialen Umfeld der Mitarbeiter auf das Arbeitsverhalten der Mitarbeiter erfolgen.

Wenn es sich bei der Motivation um die Frage nach dem "Warum" menschlichen Verhaltens handelt, dann ist dem motivierten Handeln eine

---

104 Oechsler, W. (1994): S. 99.

105 Hentze spricht stattdessen auch von "habituellen Motivationen". Vgl. Hentze, J. et al. (1990): S. 41.

106 Vgl. Hentze, J. et al.: S. 41.

Zielorientierung immanent gegeben. Motiviertes Handeln drängt zu einem "natürlichen Abschluß"[107].

Fraglich ist jedoch, was die Endhandlungen bzw. Endzustände sind, nach denen das motivierte Individuum strebt, und was ist es, das über das Handeln *inhaltlich* gesucht wird. Theorien, die sich mit dieser Fragestellung beschäftigen, werden auch als Inhaltstheorien der Motivation bezeichnet.

Inhaltstheorien, wie die hier dargestellten Ansätze von Maslow und Herzberg, beschäftigen sich allerdings nicht mit der Frage, auf welchem Wege sich der Einzelne darum bemüht, seine Bedürfnisbefriedigung zu erreichen. Dieses Defizit der Inhaltstheorien führte zur Entwicklung der sogenannten Prozeßtheorien. Diese fragen danach, was sich im einzelnen Individuum abspielt, wenn es ein bestimmtes Ziel erreichen möchte[108]. Inhaltstheorien betrachten also den Verhaltensoutput, während Prozeßtheorien die kognitiven Prozesse untersuchen, die zum Verhaltensoutput führen.

4.2. Inhaltstheorien

4.2.1. Darstellung der Theorien

Bei den Bemühungen, die Bestimmungsgründe menschlichen Handelns zu erklären, haben sich

1. monothematische

2. polythematische

Motivtheorien herausgebildet[109]. Hier sollen vor allem die polythematischen Ansätze von Maslow und Herzberg im Mittelpunkt stehen, so daß die wichtigsten monothematischen nur kurz genannt seien.

Monothematische Ansätze suchen die Erklärung des Verhaltens aus einem Motiv. Beispiele bilden das Streben nach Lust bzw. die Vermeidung von Unlust bei Sigmund Freud[110], das Streben nach Macht bei A. Adler[111], die

---

107 Heckhausen, H. zitiert nach von Rosenstiel, L. (1993): S. 157.

108 Vgl. von Rosenstiel, L. (1990): S. 158.

109 Vgl. Thomae, H.: Das Problem der Motivarten. In: Handbuch der Psychologie, Band 2, Göttingen 1965, S. 418ff.

110 Vgl. Robert, Marthe: Die Revolution der Psychoanalyse. Frankfurt 1986, S. 302ff.

111 Vgl. Adler, A.: Über den nervösen Charakter. München 1928.

33

Sehnsucht nach Gott bei C.G.Jung[112] oder die Suche nach Sinn bei Viktor Frankl[113].

Polythematische Ansätze suchen die Erklärung für das Verhalten über verschiedene Motive. Im Bemühen, zu allumfassenden und abschließenden Katalogen zu gelangen, wurden Aufstellungen mit fünftausend und mehr unterschiedlichen Trieben entwickelt[114]. Derartige Aufstellungen sind für konkrete Maßnahmen im Personalmarketing allerdings wenig hilfreich, sie schaffen eher Verwirrung als Verständnis für die Motivation von Mitarbeitern.

Sinnvoller scheinen die komprimierten, komplexitätsreduzierten Ansätze von Maslow und Herzberg.

a) Maslow: Die Motivtheorie von Maslow[115] beruht auf klinisch-psychologischen Erfahrungen und sollte weniger als Motivationstheorie dienen als vielmehr die Wachstumsmöglichkeiten eines Individuums aufzeigen[116].

Maslow unterscheidet folgende fünf Motivkategorien[117]:

- Physiologische Bedürfnisse (z.B. Hunger, Durst, Wärme, Schlaf, Sex)

- Sicherheitsbedürfnisse gegenüber physischen und psychischen Verlusten (Schutz, Vorsorge, Angstfreiheit, Sicherheit am Arbeitsplatz)

- Soziale Bedürfnisse (Geselligkeit, Freundschaft, Liebe, Gruppenzugehörigkeit)

- Bedürfnisse nach Anerkennung und Selbstachtung, sogenannte Ich-Motive (soziales Ansehen, Macht und Prestige, Wertschätzung)

---

112 Vgl. Jung, C.G.: Gesammelte Werke. Stuttgart 1963. Z.B. S. 362f.

113 Vgl. z.B. Viktor E. Frankl: Der Mensch vor der Frage nach dem Sinn. München 1996.

114 Eine Zählung von L.L. Bernard, Instinct. A study of social psychology. New York 1924, hat so bei etwa 400 Autoren zusammen 5684 angebliche Grundtriebe erbracht! Vgl. Wiswede, G.: Motivation und Verbrauchsverhalten. München 1973, S.70.

115 Ursprünglich dargelegt in Maslow, A.H.: Motivation and personality. New York u.a. 1954.

116 Vgl. Oechsler, W. (1994): S. 99.

117 Vgl. von Rosenstiel, L. (1993): S. 160, Hentze J. et al. (1990): S. 44, Oechsler W. (1994): S. 100.

- Bedürfnis nach Selbstverwirklichung (Entfaltung der Persönlichkeit, Kreativität, Einsatz und Weiterentwicklung eigener Fähigkeiten)

Maslow sieht diese Motivkategorien als hierarchische Ordnung: das Individuum trachtet demgemäß zuerst nach Befriedigung der physiologischen Bedürfnisse. Die jeweils folgende Bedürfniskategorie wird erst nach Erreichung eines bestimmten Anspruchniveaus auf der vorhergehenden Stufe verhaltensrelevant. Umgekehrt verlieren Bedürfnisse ihre motivierende Kraft - zumindest vorübergehend - wenn sie befriedigt worden sind[118].

Wie alle sich thematisch festlegenden Motivtheorien unterliegt auch der Ansatz Maslows der Kritik, die individuelle Komplexität und Instabilität des Verhaltens nicht erfassen zu können. Menschliches Verhalten wird offenbar nicht von fest montierten Trieben gesteuert, sondern von formbaren und entwicklungsfähigen Motivationen (Wertewandel). Aus dieser Sicht erscheint es unmöglich, den absolut gültigen abschließenden Bedürfniskatalog aufzustellen.

Zur Bildung von Hierarchien ist festzuhalten, daß keine natürliche Rangordnung existiert. Die für das jeweilige Individuum zu einem bestimmten Zeitpunkt beobachtbare Bedürfnisfolge resultiert vielmehr aus einer großen Zahl mobiler Einzelfaktoren[119]. Es scheinen lediglich tendenzielle Schlußfolgerungen über die menschlichen Bedürfnisstrukturen möglich zu sein. Hentze erinnert an das klassische Gegenbeispiel des erfolglosen Künstlers "... in dessen Rangordnung Selbstentfaltung und Selbstverwirklichung das Verhalten bestimmen, obwohl in manchen Fällen die physiologischen Bedürfnisse kaum und die Sicherheitsbedürfnisse noch weniger befriedigt sind"[120].

Als ein weiterer Schwachpunkt des Modells erscheint die Eindimensionalität mit den Extrempunkten Zufriedenheit und Unzufriedenheit. Zufriedenheit, so Maslow, tritt ein, wenn die Bedürfnisbefriedigung den

---

118   Vgl. Hentze, J. et al. (1990): S. 43f.
119   Vgl. Wiswede, G. (1973): S. 114ff.
120   Hentze, J. et al. (1990): S. 44.

Erwartungen entspricht. Graduelle Abstufungen sieht das Modell nicht vor[121].

b. Herzberg: Die sogenannte Zwei-Faktoren-Theorie von Herzberg[122] stützt sich im Gegensatz zu Maslows Theorie auf empirische Untersuchungsergebnisse. Herzberg befragte Arbeitnehmer nach konkreten Arbeitssituationen, in denen sie besonders zufrieden bzw. unzufrieden waren. Bei der Analyse der Ergebnisse stellte sich heraus, daß Unzufriedenheit und Zufriedenheit durch unterschiedliche Arbeitsbedingungen hervorgerufen wurde[123]. Herzberg nannte jene Faktoren, die zu Zufriedenheit führten "Motivatoren" und jene, die zu Unzufriedenheit führten "Hygiene-Faktoren"[124]. Dies bedeutet bezogen auf die Arbeitsmotivation, daß eine Verschlechterung der Hygiene-Faktoren zu steigender Unzufriedenheit führt, eine Verbesserung der Hygiene-Faktoren umgekehrt aber keine steigende Zufriedenheit verursacht. Verbesserungen werden als selbstverständlich angesehen. Als die wichtigsten Hygiene-Faktoren nennt Herzberg

- Geld

- Unternehmenspolitik

- Personalführung

- Beziehungen zwischen Kollegen, Vorgesetzten, Untergebenen

- physische Arbeitsbedingungen

- Arbeitsplatzsicherheit[125].

---

121 Vgl. Hentze, J. et al. (1990): S. 45.
122 Ursprünglich dargelegt in: Herzberg, F. et al.: The Motivation to Work. New York 1959.
123 Vgl. von Rosenstiel, L. (1993): S. 159.
124 Vgl. Hentze, J. et al. (1990): S. 46.
125 Vgl. Hentze, J. et al. (1990): S. 47. Zum Vergleich: Milton nennt als Hygiene-Faktoren: Company policy and administration, Supervision, Interpersonal relationship, Salary, Working conditions, Security, Status; und als Motivatoren: Achievement, Recognition for accomplishment, the Work itself, Responsibility, Advancement, Growth. Vgl. Milton, C.R.: Human Behavior in organizations. Englewood Cliffs 1981, S. 66.

Motivatoren, die einen Einfluß auf die Arbeitszufriedenheit ausüben können sind vor allem

- Leistungserfolg

- Anerkennung

- die Arbeit selbst

- Verantwortung

- Aufstieg

- Entfaltungsmöglichkeiten[126].

Dabei fällt auf, daß es sich bei den Hygiene-Faktoren insbesondere um extrinsische Bedürfnisse handelt, während die Motivatoren insbesondere intrinsische Arbeitsbedürfnisse einschließen. Intrinsische Bedürfnisse sind Bedürfnisse, bei denen die Motivation aus der Tätigkeit selbst erwächst. Extrinsische Arbeitsbedürfnisse werden dagegen über die Folgen oder Begleitumstände der Arbeit befriedigt, so daß auch von Kontext-Variablen gesprochen werden kann[127].

Dem Herzberg-Modell wird kritisch vorgeworfen, daß auch die leistungssteigernde Wirkung von Hygiene-Faktoren in einigen Fällen nachgewiesen werden konnte[128]. Herzberg selbst hat jedoch diese Problematik bereits erkannt und ihren Grund in der Vernetztheit der Faktoren gesucht, die eine isolierte Betrachtung erschwert. Geld ist z.B. als ein Hygiene-Faktor einzuordnen, während beruflicher Aufstieg als Motivator gilt. Da aber Beförderungen in der Regel auch mit einer Veränderung des Einkommens verbunden sind, strahlt die Motivationswirkung hier auf den ursprünglichen Hygiene-Faktor über[129].

---

126 Vgl. Hentze, J. et al. (1990): S. 47.

127 Vgl. von Rosenstiel, L. (1993): S. 159. Zur Problematik der Begriffsabgrenzung intrinsisch/extrinsisch Vgl. Jopt, U.-J.: Extrinsische Motivation und Leistungsverhalten. Bochum 1974, S. 11ff.

128 Vgl. Oechsler, W. (1994): S. 101.

129 Vgl. Hentze, J. et al. (1990): S. 47. Pitts stellt ebenso fest, "... that a feeling of self-worth ranks high in the scale of motivation; reward and recognition are highly geared reinforcers of that feeling." Pitts, C.: Motivating your organization. London 1995, S. 1f.

Trotz dieses Kritikpunktes muß betont werden, daß die Zwei-Faktoren-Theorie die Eindimensionalität des Maslowschen Modells zugunsten einer Betrachtung auf zwei Ebenen aufhebt. Sie zeigt zudem einen hohen Operationalisierungsgrad[130].

4.2.2. Bedeutung für ein effizientes Personalmarketing

Mit seiner Konkretisierung und Hierarchisierung der Bedürfnisse hat Maslow die Basis dafür geschaffen, Arbeitsverhalten und Arbeitsleistung differenziert zu beeinflussen. Geht man tendenziell davon aus, daß die Maslowsche Bedürfnispyramide einigermaßen vorhersagbar menschliches Streben und Handeln beschreibt, so können Arbeitsbedingungen so gestaltet werden, daß die jeweils dominierenden Bedürfnisse befriedigt werden[131]. Nimmt man an, daß Bedürfnisse höherer Stufen erst verhaltensrelevant werden, wenn die darunter liegenden Bedürfnisse befriedigt sind, dann lassen sich z.B. für international agierende Unternehmungen über den jeweils länderspezifischen gesellschaftlichen Entwicklungsstand die dominierenden Bedürfnisse der Mitarbeiter bestimmen.

Bedürfnisse, so zeigt Maslow, verschwinden - zumindest zeitweilig - mit ihrer Befriedigung. Damit verlieren bestimmte Motivationsmaßnahmen - vor allem wenn sie die unteren Stufen der Bedürfnispyramide ansprechen - ihre Wirkung.

Insgesamt beschränkt sich die Anwendbarkeit der Maslowschen Theorie aber auf wenige, nicht sonderlich konkrete Aussagen.

Die Theorie von Herzberg, die explizit schon als Untersuchung zum Arbeitsverhalten angelegt ist, scheint insofern für den Entwurf konkreter Motivationsmechanismen hilfreicher zu sein. Einige Schlußfolgerungen aus der Zwei-Faktoren-Theorie, die bei personalpolitischen Entscheidungen berücksichtigt werden müssen, sind im folgenden aufgeführt:

1) Trotz berechtigter Zweifel an der empirischen Gültigkeit der strikten Trennung von Hygiene-Faktoren und Motivatoren bleibt festzuhalten, daß Motivationsmaßnahmen dann besonders erfolgreich sind, wenn das Augenmerk den Arbeitsinhalten und der Arbeitsstrukturierung mit ent-

---

130   Vgl. Oechsler, W. (1994): S. 101.
131   Vgl. Hentze, J. et al. (1990): S. 44.

sprechendem Einfluß auf intrinsische Motivationsvorgaben gilt. Job-
Enrichment-Programme, wie sie in der Praxis erfolgreich umgesetzt
werden, belegen dies[132].

2) Die Befriedigung intrinsischer Arbeitsbedürfnisse zeigt eine größere
Langzeitwirkung als die der extrinsischen. Dies scheint vor allem we-
gen der zu beobachtenden Umorientierung hin zu einem strategischen
Personalmanagement wichtig[133]. Dank Herzberg ist es möglich, zwischen strategischen und taktischen Motivationsmaßnahmen zu unterscheiden und zwischen langfristig und kurzfristig ausgerichteten Anreizen einen Ausgleich zu schaffen, etwa bei der Entgeltfindung für Führungskräfte[134].

3) Hygiene in der Medizin heilt zwar nicht, liefert aber die Basis für jeden
Gesundungsprozeß, indem die Entstehung von Krankheiten bzw. ihre
Ausbreitung verhindert wird. Hygiene-Faktoren bilden analog dazu die
Basis für jede Arbeitsleistung. Ist diese Basis beschädigt - etwa wenn
die Unternehmung an der Arbeitsplatzsicherheit spart - dann entsteht
Unzufriedenheit. Motivationsmaßnahmen sind in ihrer Wirkung ge-
hemmt, wenn sie auf der Basis schlechter Hygiene-Faktoren stattfin-
den. "Soll keine Unzufriedenheit aufkommen, müssen die Hygiene-
Faktoren für die Mitarbeiter im üblichen Maße gegeben sein, während
Motivatoren als Anreize dienen, um die Zufriedenheit zu erhöhen und
damit Einfluß auf die Leistung zu nehmen"[135].

4) Die Entlohnung, die im System tayloristischer Arbeitsorganisation eine
entscheidende Motivationsrolle zu spielen hatte, muß aufgrund der
Untersuchungen Herzbergs in ihrer Bedeutung relativiert werden.

Die Gefahr der Inhaltstheorien liegt in dem Versuch, Bedürfnisse und entsprechende Motivationen zu standardisieren. Wenn Bedürfnisse vom jeweils individuellen Entwicklungsstand, von situativen Bedingungen und
von Veränderungen im Raum-Zeit-Kontinuum abhängen, dann scheint es
wenig sinnvoll, die Mitarbeiter in ein uniformes Motivationssystem zu

---

132   Vgl. z.B. Sherman, A. et al.: Managing Human Resources. Cincinnati 1988, S.
      297f.
133   Vgl. 2.2.
134   Vgl. 5.2.
135   Hentze, J. (1990): S. 47.

pressen. Die bestehende und immer weiter zunehmende Individualisierung der Mitarbeiter[136] erfordert auch eine Individualisierung der Motivationsprozesse und -strukturen. Dies bedeutet in letzter Konsequenz eine Abkehr von einer inhaltlichen Steuerung und die Suche nach prozessualer Steuerung von Arbeitsverhalten und Arbeitsleistung.

4.3. Prozeßtheorien

4.3.1. Darstellung der Theorien

Inhaltliche Klassifikationsansätze setzen sich dem Vorwurf der Selektivität und Willkür aus. Aus diesem Dilemma heraus wurden mathematische Ansätze entwickelt, die jede inhaltliche Motivdifferenzierung ablehnen und sich mehr an den Prozessen orientieren, nach denen Motivation abläuft. Entscheidend für diese Wende sind auch die bereits angesprochenen situativen Einflußfaktoren, die eine Inhaltstheorie kaum berücksichtigen kann.

Ausgangspunkt der Prozeßtheorien ist die Frage, wie ein Mensch zu Entscheidungen über Handeln bzw. Nicht-Handeln gelangt. "Der Grundgedanke der Prozeßtheorien läßt sich auf das Bernoulli-Prinzip zurückführen, das besagt, daß jenes Ergebnis erstrebenswert erscheint, bei dem das Produkt aus Nutzen x Wahrscheinlichkeit besonders hoch ist. Die Orientierung an derartigen Konzepten... führte letztlich zu der Annahme, daß der Mensch subjektiv rational kalkuliert, was ihm bei der Wahrnehmung verschiedener Alternativen die günstigste Option zu sein scheint"[137].

Aus der Vielzahl der Prozeßtheorien sollen hier die Gleichheitstheorie von Adams und die VIE-Theorie von Vroom herausgegriffen und skizziert werden.

a) Adams: Für Adams ist Motivation nicht bloß ein intrapersoneller Begriff, sondern zugleich immer auch das Ergebnis eines interpersonellen Vergleichs[138]. Im Hintergrund steht das klassische Marktmodell mit einem über Tauschprozesse ökonomisch handelnden Individuum. Hier-

---

136   Vgl. zur Individualisierungsthese Beck, U.: Risikogesellschaft. Frankfurt 1986, S. 205ff.

137   von Rosenstiel, L. (1993): S. 163.

138   Ursprünglich dargelegt in: Adams, J.S.: Toward an understanding of inequity. In: Journal of Abnormal and Social Psychology, 68, 1963, S. 422-436.

aus abgeleitet wird die Vorstellung bzw. Forderung eines Gleichgewichtes, das durch diese Tauschprozesse geschaffen werden soll. Angelehnt an die Theorie der kognitiven Dissonanz von Festinger, geht Adams davon aus, daß das Individuum danach strebt, ein Gleichgewicht zu schaffen zwischen Nehmen und Geben. Widersprüchliche Erfahrungselemente, d.h. erlebte Ungleichgewichte und dadurch empfundene Ungerechtigkeit treibt den einzelnen zu Veränderungshandlungen. "Kognitive Dissonanz wird zum Anlaß für die Einleitung spannungslösender Schritte (Suchen nach neuer Information, Einstellungsänderungen, Veränderungen der Situationsbewertung oder Handlungstendenzen), sobald die Anzahl inkonsistenter kognitiver Elemente gegenüber den konsistenten überwiegt"[139].

Die Arbeitssituation wird nach Adams als Austauschbeziehung zwischen Arbeitnehmer und Arbeitgeber empfunden. Der einzelne Arbeitnehmer stellt bei der Bewertung dieser Austauschbeziehung nun zwei Überlegungen an. Zum einen vergleicht er seinen subjektiv empfundenen Leistungsaufwand mit der Kompensation durch den Arbeitgeber und zum anderen vergleicht er die entsprechenden Daten seiner Kollegen mit seinen eigenen[140]. Inputgrößen sind z.B. Leistung, Berufserfahrung, Ausbildung. Outputgrößen sind z.B. die Entlohnung, Sozialleistungen, Statussymbole oder Arbeitsklima[141].

Ein kognitives Ungleichgewicht entsteht, wenn der einzelne sich über- bzw. unterbezahlt fühlt. Dies hat dann Auswirkungen auf die erbrachte Arbeitsleistung[142]. Eine soziale Beziehung, wie sie das Arbeitsverhältnis darstellt, wird nur eingegangen bzw. aufrechterhalten, "... wenn Verteilungsgerechtigkeit besteht, d.h. wenn die Belohnungen, die die soziale Interaktion mit sich bringt, zwischen den Personen fair verteilt sind[143].

Problematisch scheint in diesem Modell vor allem die Nutzung des bereits ausführlich kritisierten Menschenbildes des Homo oeconomicus. Überspitzt formuliert wird der Mensch hier als programmierter Com-

---

139 Fröhlich, W.D.: DTV-Wörterbuch zur Psychologie. München 1991, S. 59f.

140 Milton nennt als dritte Vergleichskategorie noch den intrapersonellen Vergleich zwischen Gegenwart und Vergangenheit. Vgl. Milton, C.R. (1981): S. 74.

141 Vgl. Oechsler, W. (1994): S. 106.

142 Vgl. von Rosenstiel, L. (1993): S. 164f.

143 Hentze, J. (1990): S. 51.

puter aufgefaßt, der einfach nur den eigenen subjektiven Nutzen zu maximieren sucht[144].

Als ein weiterer Kritikpunkt sei die mangelnde Bewertung und Einordnung der Input/Output-Größen, sowie die nur vagen Hinweise auf die Verhaltensreaktionen[145].

b) Vroom: Die Theorie von Vroom[146] verdankt ihren Namen den drei Elementen, die - jedenfalls nach Vroom - das Motivationsgeschehen steuern[147]:

- Valenz (V): Sie drückt die Bedeutung des Ziels für das Individuum aus[148].

- Instrumentalität (I): Sie ist der subjektive Schätzwert, mit dem das Individuum die Wahrscheinlichkeit des Eintreffens eines Ergebnisses vorausschätzt. Milton schreibt dazu erläuternd: "Obtaining the... outcome or performance goal may mean nothing in and of itself to an individual. Yet it can be instrumental in achieving a desired second outcome or reward"[149].

- Erwartung (E): Sie beschreibt die Wahrscheinlichkeit des konkreten Handlungsausgangs.

Die Anstrengung des einzelnen hängt davon ab, "... daß ein entsprechendes Ergebnis auf die Handlung folgt und daß das Ergebnis erstrebenswert sei"[150]. Motivation ist dann das Ergebnis einer multiplikativen Verknüpfung der wahrgenommenen Weg-Ziel-Instrumentalität und der Bedeutung des Ziels[151].

Als Kritik läßt sich vorbringen, daß der empirische Nachweis dieser funktionalen Abhängigkeiten und multiplikativen Verstärkerwirkungen

---

144   Vgl. von Rosenstiel, L. (1993): S. 165.
145   Vgl. Staehle, W.H. (1991): S. 220f.
146   Zuerst dargelegt in: Vroom, V.H.: Work and motivation. New York 1964.
147   Vgl. Hentze, J. (1990): S. 54.
148   Zur Entstehung von Valenzen vgl. Graumann, C.F.: Einführung in die Psychologie. Frankfurt 1969, S. 57ff.
149   Milton, C.R. (1981): S. 71.
150   Oechsler, W. (1994): S. 104.
151   Vgl. Oechsler, W. (1994): S. 105.

noch aussteht[152]. Darüberhinaus liegt ein ähnlich zweifelhaftes Menschenbild zugrunde, wie in der Gleichheitstheorie.

4.3.2. Bedeutung für ein effizientes Personalmarketing

Neuere psychologische und soziologische Forschungsergebnisse stellen die kategorische Ego-Orientierung in Frage, die den hier dargestellten Prozeßtheorien zugrunde liegt[153]. Dies ist auch im Rahmen der Umsetzungsüberlegungen für die Personalarbeit zu berücksichtigen:

1) Die Gleichheitstheorie von Adams zeigt, daß Motivation kein Prozeß ist, der vom organisatorischen Beziehungsgefüge abstrahiert werden kann. Die Mitarbeiter stellen permanent Vergleiche untereinander an. Dies zeigt die Notwendigkeit eines strategischen Motivations*systems*, das den Gerechtigkeitsüberlegungen der Mitarbeiter entgegenkommt. Für den externen Arbeitsmarkt bedeutet dies, daß die Anreizsysteme für hochqualifizierte Arbeitskräfte und die Unternehmenskultur potentieller Konkurrenten sorgsam zu beobachten sind. Zeichnet sich das eigene Unternehmen hier durch Defizite aus, sinkt die Attraktivität als möglicher Arbeitgeber.

2) Im Gegensatz zu anderen Ansätzen der Arbeitsmotivation erfolgt hier eine integrierte Betrachtung von Aufwand und Ergebnis. Unternehmen können an diese Überlegung anknüpfen und die Aufwandseite konkretisieren und Verbesserungsmöglichkeiten eruieren.

3) Aus dem Vroom-Modell läßt sich die Wichtigkeit einer deutlichen und glaubwürdigen Kommunikation des gesamten Motivations- und Arbeitssystem ableiten. Eine auf eigenen oder beobachteten Erfahrungen beruhende Geringschätzung der Instrumentalität bestimmter Motivationsmaßnahmen (z.B. in Form von willkürlichem und inkonsistentem Verhalten der Führungskräfte) führt möglicherweise zu nachlassender Arbeitsleistung. Es ist dann um so unattraktiver, einem bestimmten

---

152 Vgl. Oechsler, W. (1994): S. 104.

153 In der Soziologie und in der Psychologie wird vermehrt die Bedeutung altruistischen bzw. empathischen Handelns betont. Für die soziologische Diskussion. Vgl. z.B. Etzioni, A.: The spirit of community. New York 1993. Für die neuere Diskussion in der Psychologie. Vgl. vor allem Goleman, D.: Emotional intelligence. London 1995; oder Gardner, H.: Multiple Intelligence. New York 1993.

Handlungspfad zu folgen, je unklarer bzw. je geringer die jeweiligen Erwartungswerte sind.

4) Erfolgreiches Motivieren hängt davon ab, daß die Unternehmensführung die Valenzen und Instrumentalitäten der Mitarbeiter richtig einzuschätzen weiß.

Zusammenfassend kann dabei, wie bereits im vorhergehenden Abschnitt, die folgende Vergleichstabelle aufgestellt werden:

Merkmal	Inhaltstheorien	Prozeßtheorien
Beschreibung des Arbeitsverhaltens und der Arbeitsleistung	+/-	+
Motivationsverständnis	+	+
Individualität	-	+
Selektivität	-	+
Komplexität	+	+/-

Tabelle 2: Vergleich der verhaltenswissenschaftlichen Theorien

5. Integration auf der Mesoebene der Unternehmung: Effizientes Personalmarketing im Rahmen strategischen unternehmerischen Handelns

5.1. Hinführung

Betrachtet man die aktuelle Diskussion um Inhalt und Aufgaben des Personalmarketings, zeigt sich, daß viele Autoren immer noch zu stark dem alten Paradigma der Personalarbeit verhaftet sind. Dem hier gewählten Verständnis von effizientem Personalmarketing werden sie nicht gerecht. So bleiben etwa Staffelbach und Scholz dem herkömmlichen Instrumentarium der Personalpolitik ebenso verhaftet[154], wie etwa auch Schmidbauer,

---

154 Vgl. Staffelbach, B. (1995); Scholz, C.: Personalmarketing: Wenn Mitarbeiter heftig umworben werden. In: Harvard Manager 1/1992, S. 94-105.

der als die Instrumente des Personalmarketings die folgenden nennt: Personal- und Arbeitsmarktforschung, Personalorganisation, Leistung an Mitarbeiter, Personalführung, Personalplanung, Public und Internal Relations, Personalverwaltung und Personalbeschaffung[155]. Die dargestellten arbeitsmarkt- und motivationstheoretischen Ansätze, der Trend zum Human Resource Management und die starke Verrechtlichung des Rahmens der industrial relations zeigen aber deutlich, so die hier vertretene These, daß Personalmarketing den Rahmen der bekannten personalpolitischen Instrumente sprengt. Zum Personalmarketing sollte potentiell alles gehören, was das Arbeitshandeln und die Arbeitsbeurteilung der Mitarbeiter beeinflußt. So verlangt Personalmarketing beispielsweise ein effizientes Management der unternehmerischen Beziehung zu Gewerkschaften und Betriebsräten auf der arbeitsmarkttheoretischen Seite ebenso wie ein Management des Wertewandels auf der motivationstheoretischen Seite. Dazu rückt mit der Abkehr vom starren Produktionssystem der Industriegesellschaft das Arbeitszeitmanagement als Instrument des Personalmarketings stärker in den Vordergrund[156].

"Personalmarketing ist mehr als nur Absatz- oder Einkaufsmarketing. Personalmarketing ist eine Haltung - eine Denk- und Arbeitshaltung, die Mitarbeiter und solche, die es gern werden möchten, als Kunden begreift"[157]. Den Menschen in seiner Ganzheit zu erfassen heißt, die Erkenntnisse aus dem Wertewandel hin zur Freizeitgesellschaft ebenso zu berücksichtigen, wie die unter Führungskräften zunehmende Diskussion über moralische Werte angesichts zunehmender externer Effekte[158]. Die hier vorgeschlagenen Elemente eines effizienten Personalmarketings greifen deshalb über den herkömmlichen Rahmen heraus.

Ziel dieses fünften Abschnittes ist es nicht, konkrete Maßnahmen vorzuschlagen, sondern lediglich die Handlungsblöcke zu skizzieren, so wie sie der strategische Betrachter und Planer in sein Entscheidungskalkül einbeziehen sollte. Wie bereits betont, soll hier vor allem ein Bezug zum

---

155   Vgl. Schmidbauer, H. (1975): S. 5f.

156   Vgl. Oechsler, W.: Personalentwicklung in einem Arbeitsrecht von gestern. In: ZfP 1/1993, S. 25-34, S. 26.

157   Vgl. Söhlemann, G.: Neue Personalmärkte: Der Weg von der Rekrutierung zum orientierten Marketing im Personalbereich. In: Kienbaum, J.(Hrsg.): Visionäres Personalmanagement. Stuttgart 1994, S. 333-348, S. 344f.

158   Vgl. z.B. Badaracco, J.L. et al.: Jungmanager: Der erste Spagat zwischen Karriere und Moral. In: Harvard Business Manager 1/1996, S. 91-103.

Marktsegment der Führungskraft hergestellt werden, obwohl möglicherweise die Mehrzahl der Elemente auf allen Ebenen der Unternehmung greift.

Eine Einteilung der vorgeschlagenen Elemente in interne und externe Arbeitsmarktbearbeitung wird nur begrenzt für sinnvoll erachtet. Die Mehrzahl der dargestellten Elemente des Personalmarketings greifen sowohl intern als auch extern. Wo Unterschiede auftreten, etwa bei interner und externer Personalbeschaffung und Marktkommunikation, werden diese betont. Generell gilt aber, daß die Mehrheit aller Personalmarketinginstrumente eine künstliche Grenzziehung überstrahlt. Erfolgreiche interne Maßnahmen, die nach außen dringen, wirken immer auch auf externe Arbeitsmärkte.

Im folgenden sollen die nachstehenden Elemente eines effizienten Personalmarketings skizziert werden:

1. Systematische Personal- und Arbeitsmarktforschung

2. Personalführung

3. Personalentwicklung

4. Personalplanung

5. Anreiz- und Entgeltpolitik

6. Arbeitszeitmanagement

7. Internal und external relations

8. Personalbeschaffung

9. Moral Management.

5.2. Systematische Personal- und Arbeitsmarktforschung

Die konsequente Einbeziehung der arbeitsmarkt- und motivationstheoretischen Erkenntnisse ist - trotz der z.T. nur partiellen Brauchbarkeit der Theorien - für die Konstruktion eines effizienten Personalmanagements wichtig. Eklektisch sollten die Erkenntnisse aufgenommen und auf ihre Verwertbarkeit hin überprüft werden.

Die oben in Beispielen dargestellten Arbeitsmarkt- und Motivationstheorien sind allerdings nicht fix, sondern unterliegen ständigen Anpassungen. Effizientes Personalmarketing bedeutet somit, den State of the Art zu halten, indem neue Erkenntnisse und Trends aus der Theorie systematisch in die Praxis der Unternehmung überführt werden.

Die Personalforschung analysiert "... Art und Struktur menschlicher Bedürfnisse und Motivationen im Hinblick auf das Berufsleben sowie deren Veränderungen im Zeitablauf..."[159]. Die Arbeitsmarktforschung untersucht dagegen "... die jeweilige Größe, Struktur und Entwicklung des allgemeinen Arbeitsmarktes und seiner regionalen und funktionalen Teilmärkte..."[160].

Marktforschung ist die Basis jeder Marktsegmentierung und Marktsegmentierung wiederum ist die conditio sine qua non einer effizienten Marktbearbeitung. Es gilt somit, die Trends auf den inner- und außerbetrieblichen Arbeitsmärkten zu analysieren, die für die Personalpolitik der Unternehmung von Bedeutung sein könnten. Die Unternehmung kann so frühzeitig reagieren und eventuelle Gegen- bzw. Anpassungsmaßnahmen ergreifen[161].

Eine erfolgreiche Marktbearbeitung hängt davon ab, inwieweit es gelingt, einen segmentspezifischen personalpolitischen Mix (Anreizsysteme, Arbeitszeitmodelle, Beförderungssysteme etc.) zu konstruieren[162]. Hier liefert die Arbeitsmarkt- aber vor allem auch die Personalforschung die notwendigen Informationen[163]. Ebenso kann anhand der theoretischen Erkenntnisse der Arbeitsmarktforschung der Erfolg des eingesetzten personalpolitischen Instrumentariums (z.B. Image, Fluktuation, Fehlzeiten) überprüft werden[164]. Daß sich ein solcher Aufwand i.d.R. nur für hochqualifiziertes Personal, wie z.B. Akademiker, lohnt, ist anzunehmen.

---

159 Schmidbauer, H. (1975): S. 26.
160 Schmidbauer, H. (1975): S. 30.
161 Vgl. Schmidbauer, H. (1975): S. 31.
162 Vgl. Staffelbach, B. (1995): S. 147.
163 Aus der Arbeitsmarktforschung lassen sich z.B. die neuesten Trends im Miteinander der Gewerkschaften und Arbeitgeberverbände erkennen. Innovative Modelle bei der Entgeltpolitik und Arbeitszeitgestaltung können frühzeitig geprüft werden.
164 Vgl. Schmidbauer, H. (1975): S. 31.

Staffelbach warnt davor, die Personal- und Arbeitsmarktforschung auf die externen Arbeitsmärkte zu beschränken. Bei der zu beobachtenden Mobilität der Führungskräfte kann eine Vernachlässigung der innerbetrieblichen Arbeitsmärkte dazu führen, daß teuer ausgebildetes Personal die Unternehmung wieder verläßt[165]. So wie im Marketing versucht wird, den Kunden zum Stammkunden zu entwickeln, muß der auf dem externen Arbeitsmarkt rekrutierte Arbeitnehmer an das Unternehmen gebunden werden. Innerbetriebliche Arbeitsmarktbedingungen und ihre Auswirkungen sind damit ebenso Bestandteil einer effizienten Personal- und Arbeitsmarktforschung, wie externe. Beiden Märkten gemeinsam ist die Notwendigkeit, ein ausreichendes akquisitorisches Potential zu schaffen, um Führungskräfte anzulocken und zu halten. Dabei können durchaus auch Zielantinomien auftreten. Beispielsweise führt eine Besetzung von Führungspositionen von außen u.U. zur Demotivation der Führungskräfte im Unternehmen, die sich übergangen fühlen. So sollte sich der Personalmanager stets der *internen* Wirkungen bewußt sein, die seine *externen* Maßnahmen hervorrufen et vice versa.

Zusammenfassend kann gesagt werden, daß die Bedeutung der Personal- und Arbeitsmarktforschung, trotz ihres hohen Abstraktionsgrad im Vergleich zur konkreten Personalarbeit, von nicht zu unterschätzender Bedeutung für die Effizienz des Personalmarketings ist. Die gilt zum einen für die Wirkung und zum anderen für die Kosten/Nutzen-Berechnungen des eingesetzten Instrumentariums.

5.3. Personalführung

Unter Personalführung versteht man die zielbezogene Einflußnahme von Mitarbeitern. Die Geführten sollten dazu bewegt werden, die Ziele der Organisation zu erreichen[166].

---

165   Vgl. Staffelbach, B. (1995): S. 147.

166   Vgl. von Rosenstiel, L.: Grundlagen der Führung. In: von Rosenstiel, L. (1993): S. 3-25, S. 4 [im folgenden von Rosenstiel (1993a)]. Vgl. auch Weinert, der drei Elemente des Führungsbegriffs nennt: 1. Führung ist ein Gruppenphänomen, 2. Führung ist intentionale soziale Einflußnahme, 3. Führung zielt darauf ab, durch Kommunikationsprozesse Ziele zu erreichen. In: Weinert, A.B.: Führung und soziale Steuerung. In: Roth, E. (Hrsg.): Organisationspsychologie, Enzyklopädie der Psychologie. Bd. 3. Göttingen 1989, S. 552-577, S. 555.

Für Schmidbauer besteht die Aufgabe der Führung im Rahmen des Personalmarketings darin, "...mitarbeiterorientierte Führungsstile, Informations- und Beurteilungskonzepte zu entwickeln, diese allen Mitarbeitern bekannt zu geben, sie in ihnen entsprechend zu schulen und die Durchführung und Einhaltung ständig zu überwachen"[167].

Unterschieden wird, mit zahlreichen Varianten, zwischen der autoritären und der kooperativen Führung[168]. Wenn auch nicht verallgemeinernd von einem "besseren" Führungsstil gesprochen werden kann, ist doch - gerade bei der Führung von Führungskräften - zu attestieren, daß die kooperative Führung den Anerkennungs- und Selbstverwirklichungsbedürfnissen der Mitarbeiter eher entgegenkommt. Darüberhinaus zeigt sich die Bedeutung der Mitwirkung und Partizipation für die Arbeitszufriedenheit und Arbeitsleistung. Je komplexer die Aufgaben sind, desto bedeutender wird die Eigenmotivation und Selbstkontrolle. Dies ist am ehesten durch partizipative Führung zu erreichen[169]. "Je höher die Hierarchieebene, desto bedeutender wird ein partizipativer Führungsstil"[170]. Der Trend zur partizipativen Organisation der Unternehmung erfordert eine besondere Beachtung der von Schmidbauer genannten Informationsdimension der Personalführung für das Personalmarketing: Je flacher die Hierarchiestrukturen, je komplexer die Aufgabenstellungen und -vernetzungen sind, desto notwendiger ist ein effizientes Management des Informationsflusses in der Unternehmung. Informationen motivieren und befriedigen das Bedürfnis nach Kontakt, dienen dem Sicherheitsstreben und dem Bedürfnis nach sinnvoller Arbeit[171].

Die Mitarbeiterbeurteilung, als Element der Personalführung, stellt eine entscheidende Basisinformation für weitere personalpolitische Maßnahmen, wie z.B. Beförderung oder Entgeltfindung zur Verfügung. Im Rahmen eines effizienten Personalmarketings ist die Mitarbeiterbeurteilung, vor allem das Mitarbeitergespräch, als entscheidendes Motivationsinstrument zu betrachten[172].

---

167   Schmidbauer, H. (1975): S. 42.

168   Vgl. Staehle, W.H. (1991): S. 542ff.

169   Vgl. von Rosenstiel, L. (1993): S. 13.

170   Einsiedler, H.E.: Führung von Führungskräften. In: von Rosenstiel, L. (1993), S. 259-272, S. 262.

171   Vgl. Schmidbauer, H. (1975): S. 45.

172   Vgl. Oechsler, W. (1994): S. 333ff.

Führungskräfte beobachten sehr genau das Verhalten ihrer Vorgesetzten. Die Führung, die vorgelebt wird, wird nachgeahmt[173]. So kann sich ein Führungsstil festsetzen, der zu einem mobilitätsfördernden Arbeitsklima führt. Andererseits bietet die Personalführung in einer Unternehmung die Chance, die Mitarbeiter zu hoher Leistung zu motivieren und sie im Unternehmen zu halten, bzw. neue Mitarbeiter anzuziehen. Führung ist somit mehr als organisieren und kontrollieren. Sie ist gleichzeitig ein Instrument der Akquisition und Begeisterung von Mitarbeitern.

5.4. Personalentwicklung

Personalentwicklung dient der Erweiterung bzw. Vertiefung bestehender sowie der Vermittlung neuer Qualifikationen[174]. Im Rahmen eines effizienten Personalmarketings kommt der Personalentwicklung eine doppelte Bedeutung zu. Zum einen muß angesichts der zunehmenden Verknappung qualifizierter Mitarbeiter der qualitative Personalbedarf vermehrt aus internen Resourcen gedeckt werden. Zum anderen entspricht die Personalentwicklung den Erwartungen der Mitarbeiter nach Entfaltungs-, Mitwirkungs- und Entwicklungsmöglichkeiten in der Unternehmung[175]. "Betreibt ein Unternehmen kontinuierliche Aus- und Weiterbildung, so werden damit immer größere Spiralwindungen der Motivation und des Erfolgs möglich"[176]. Weiterbildung darf zudem nicht von oben verordnet sein, sondern muß den Interessen der Mitarbeiter entgegenkommen. Dabei muß darauf geachtet werden, daß den Mitarbeitern hinsichtlich Motivation und Qualifikation das richtige Weiterbildungsangebot unterbreitet wird[177].

---

173   Vgl. die Studien von Badaracco et al.: Badaracco, J.L.: Jungmanager: Der erste Spagat zwischen Karriere und Moral. In: Harvard Business Manager 1/1996, S. 91-103.

174   Vgl. Oechsler, W. (1994): S. 373.

175   Vgl. Domsch, M.: Personalplanung und -entwicklung für Fach- und Führungskräfte. In: von Rosenstiel, L. (1993): S. 403-416, S. 404.

176   Megerle, R.: Ganzheitliches Personalmarketing. In: Scholz, Ch. (1995): S. 171-181, S. 179.

177   Vgl. Megerle, R. (1995): S. 179f.

50

Die Ermittlung des Trainingsbedarfs und die Ermittlung der Lernziele ist wichtig für den Erfolg von Personalentwicklungsmaßnahmen. Die klare Formulierung von Lernzielen bietet dabei folgende Vorteile[178]:

- Lernziele bieten sowohl dem Lehrenden als auch dem Lernenden Orientierung.

- Klare Ziele motivieren, unklare Situationen verunsichern und demotivieren.

- Das Erreichen realistisch gesteckter Ziele führt zu Erfolgserlebnissen.

Bei der inhaltlichen Gestaltung von Trainingsmaßnahmen sollte darauf geachtet werden, daß der Trainingsbedarf je nach der hierarchischen Position des Mitarbeiters variiert. So entsteht beispielsweise ein hoher Trainingsbedarf an interpersonaler Kompetenz bei Führungskräften, der aber mit aufsteigender Hierarchie vom strategischen Denken an Bedeutung überholt wird[179]. Bei den Inhalten der Personalentwicklung muß darüberhinaus zwischen allgemeinen und firmenspezifischen Fähigkeiten unterschieden werden[180]. Firmenspezifische Bildungsmaßnahmen erzeugen eine höhere Bindung an die Unternehmung, da die Nützlichkeit bei einem Wechsel des Arbeitgebers eher gering bleibt. Die Schulung allgemeiner Fähigkeiten, wie z.B. Kommunikationsfähigkeit, Teamfähigkeit etc., sind dagegen eher mit den je individuellen Zielen der Mitarbeiter nach persönlicher Weiterentwicklung kompatibel und dürften eine entsprechend stärkere Motivationswirkung haben. Neben der Teamfähigkeit und der Kommunikationsfähigkeit nennt Oechsler als weitere generelle Fähigkeiten, Innovationsfähigkeit, Gruppenfähigkeit, Führungsfähigkeit, Entscheidungsfähigkeit und Konfliktfähigkeit[181].

Die Personalentwicklung ist eng verzahnt mit der Arbeitsmarktforschung und hier besonders mit der Analyse der quantitativen und qualitativen Bestandsentwicklungen auf internen und externen Arbeitsmärkten. Hier sind

178 Vgl. von Rosenstiel, L.: Entwicklung und Training von Führungskräften. In: von Rosenstiel, L. (1993): S. 59-74, S. 66 [im folgenden: von Rosenstiel, L. (1993b)].
179 Vgl. von Rosenstiel, L. (1993b): S. 63f.
180 Vgl. Oechsler, W. (1994): S. 388.
181 Vgl. Oechsler, W. (1994): S. 392-408.

eingehende Untersuchungen dazu nötig, ob Qualifizierungsmaßnahmen überhaupt notwendig sind und von der Unternehmung durchgeführt werden müssen oder ob diese nicht schon durch andere gesellschaftliche Institutionen durchgeführt werden.

Bei Personalentwicklungsmaßnahmen ist nicht allein die Wissensvermittlung relevant, sondern "... stärker ... die Entwicklung der Lernfähigkeit, der Lernmotivation und von Problemlösungsmöglichkeiten"[182]. Die Unternehmung der Zukunft ist eine lernende Organisation. Lernen ist eine überlebensnotwendige Reaktion auf Veränderung. Veränderung wiederum ist eine der wenigen stabilen Faktoren der ausklingenden Industriegesellschaft. "The organizations that will truly excel in the future will be the organizations that discover how to tap people's commitment and capacity to learn at all levels in an organization"[183]. Lernen können allerdings nicht Unternehmen, sondern nur Menschen. Die Vermittlung von Lernfähigkeit ist eine der zentralen Aufgaben der Personalentwicklung. Die Schulung der Lernfähigkeit, das Praktizieren eines lebenslangen Lernens, kommt den Bedürfnissen der Mitarbeiter nach Selbstverwirklichung und sinnvoller Tätigkeit entgegen und reduziert ihre Unsicherheit angesichts komplexer Aufgaben und Entscheidungssituationen. Lernen beeinflußt insofern die Arbeitszufriedenheit.

Die Bedeutung der Weiterbildung vor allem im externen Personalmarketing läßt sich unschwer an den Broschüren ablesen, mit denen Unternehmen um Führungsnachwuchs werben. Die Beschreibung der Trainingsmaßnahmen nimmt hier stets einen breiten Raum ein. Zudem werden die Traineeprogramme der größeren Unternehmen immer diffiziler und professioneller. Bildung ist zu einem wichtigen Entscheidungskriterium für oder gegen den Eintritt bzw. Verbleib in einer Unternehmung geworden. "Höherer Wissensstand (Akademisierung) bzw. materielles "Sattsein" läßt heute viele Arbeitnehmer Neues nachfragen: Sie suchen neben materiellen auch immateriellen Wohlstand... Eigenes Potential zu entfalten, steht (zumindest für den akademischen Nachwuchs) ganz vorn bei der Formulierung der Berufswünsche"[184].

---

182   Regnet, E. et al.: Überlegungen zur Führungskraft der Zukunft. In: von Rosenstiel, L. (1993): S. 49-74, S. 57.

183   Senge, P.: The fifth discipline. The art and practice of the learning organization. New York 1990, S. 4.

184   Söhlemann, G. (1994): S. 337.

5.5.   Personalplanung

Die Knappheit an hochqualifiziertem Arbeitsangebot zwingt zu einer sorgfältigen Planung der in einer Organisation benötigten Arbeitsleistung. Unterschieden werden folgende personelle Teilplanungen: Bedarfsplanung, Beschaffungs- und Freisetzungsplanung, Einsatzplanung, Entwicklungsplanung und Kostenplanung[185]. Die einzelnen Teilplanungen sind nicht nur untereinander interdependent, sondern weisen zugleich einen hohen Vernetzungsgrad mit anderen unternehmerischen Planungsbereichen auf (z.B. Produktionsplanung, Absatzplanung etc.), so daß Personalplanung nur als integrativer Faktor der gesamten Unternehmensstrategie Sinn macht[186]. Dies entspricht jener strategischen Aufwertung des Personalmanagements, wie das Human Resource Management es fordert.

Der Personalbedarfs-, Personaleinsatz- und -laufbahnplanung kommt eine wichtige Funktion im Rahmen eines effizienten Personalmarketings zu.

"Die Personalbedarfsplanung ist... diejenige Funktion, die festlegt, welche Mitarbeiter zu welcher Zeit, an welchem Ort, in welcher Anzahl und Qualifikation, benötigt werden"[187]. Die Bedarfsplanung ist somit eine den Personalmarketingmaßnahmen vorgelagerte Teilfunktion des Personalmanagements. Sie stellt die Informationen darüber zur Verfügung, in welchen Bereichen der Unternehmung personalpolitischer Handlungsbedarf entsteht, wann dieser Bedarf entstehen wird und ob er intern befriedigt werden kann oder extern gedeckt werden muß. Die Bedarfsplanung liefert zudem Informationen darüber, welche Kosten für das Personalmarketing zu erwarten sind[188].

"Die Personaleinsatzplanung legt die quantitative, qualitative und zeitliche Einordnung der vorhandenen personellen Kapazitäten unter Berücksichtigung der Zwecke und Ziele des Betriebes fest"[189]. Als Kernbereiche kön-

---

185   Vgl. Wimmer, P.: Personalplanung. Stuttgart 1985, S. 1. Die Beschaffungsplanung wird aufgrund ihrer Wichtigkeit in diesem Kapitel gesondert dargestellt.

186   Vgl. Mag, W.: Personalplanung im Rahmen der unternehmerischen Gesamtplanung. In: Wirtschaftswissenschaftliches Studium, 1981, S. 519-526, S. 519f.

187   Vgl. Oechsler, W. (1994): S. 110.

188   Vgl. Oechsler, W. (1994): S. 109.

189   Hentze, J.: Funktionale Personalplanung. Frankfurt 1969, S. 130.

nen hier die Integration der Mitarbeiter in die Organisation und die Zuordnung der Menschen zu den Arbeitsaufgaben genannt werden[190].

Die Personaleinsatzplanung ist ein neuralgischer Punkt der erzielbaren Arbeitsleistung. Die optimale Abstimmung der Menschen und Aufgaben in einer Organisation beeinflußt die Ergiebigkeit der Arbeitsleistung. Auf der anderen Seite bezieht der Mitarbeiter, wie Herzberg zeigen konnte, einen Großteil seiner Motivation aus der Arbeit selbst. So muß diese Abstimmung immer auch den individuellen Anlagen und Wünschen der Mitarbeiter gerecht werden[191]. "Attraktiv sind Unternehmen, die nicht Funktionen anbieten, sondern Aufgabenfelder, in denen sich Mitarbeiter verwirklichen, d.h. entwickeln können"[192].

Unter Laufbahn wird jene Abfolge von Stellen verstanden, die ein Mitarbeiter im Laufe seiner Zugehörigkeit zu einer Unternehmung einnimmt[193]. Diese Vorherbestimmung der hierarchischen Entwicklung von Mitarbeitern hängt ab von den Voraussetzungen der Unternehmung (Altersstruktur der Führungskräfte, Unternehmenswachstum, Fluktuationsrate) und von den Potentialen der Mitarbeiter (bisherige Leistungen, Qualifikationen etc.)[194]. Die Laufbahnplanung schafft eine Transparenz bezüglich der Aufstiegswege und -hemmnisse sowie der Aufstiegskriterien. Diese Transparenz trägt bei zur Steigerung der Leistungsmotivation und einer erhöhten Arbeitszufriedenheit und erhält damit die Funktion eines Anreizinstrumentes[195].

Die Personalplanung schafft so einerseits einen Fit zwischen Unternehmenszielen und -ressourcen und andererseits kann sie als Anreiz dazu dienen, in die Unternehmung einzutreten und ausreichend Perspektiven zu sehen, um auch in ihr zu bleiben.

---

190   Vgl. Schmidbauer, H. (1975): S. 50.
191   Vgl. Schmidbauer, H. (1975), S. 50.
192   Söhlemann, G. (1994): S. 340.
193   Vgl. Schmidbauer, H. (1975), S. 52.
194   Vgl. Schmidbauer, H. (1975), S. 53.
195   Vgl. Oechsler, W. (1994): S. 418.

5.6. Anreiz- und Entgeltpolitik

So wichtig die hier aufgeführten Elemente auch sein mögen, das Kernstück eines effizienten Personalmarketings bleibt die Anreizpolitik. Anreize haben eine zweifache Funktion. Sie aktivieren ein motiviertes Verhalten und erzeugen - sofern die Gestaltung der Anreizpolitik bedürfnisgerecht ist - Zufriedenheit[196]. Unter einem Anreizsystem versteht man allgemein "... die Gesamtheit derjenigen Maßnahmen, Mittel und Institutionen, die die Organisation ihren Mitgliedern... als Anreiz für deren Beitragsleistung bietet"[197].

Als Anreizarten unterscheidet von Rosenstiel: Entgelt, die Arbeit selbst, Leistung, Aufstieg und Führungsstil[198]. Die Wichtigkeit von Arbeit, Leistung, Aufstieg und Führungsstil als Anreizinstrumente wurde bereits betont. Hier soll nun die Entgeltpolitik auf ihre Motivationskraft näher untersucht werden.

Dabei lassen sich zunächst drei Entgeltarten unterscheiden[199]:

- Entgelt für geleistete Arbeit

- Soziallohn

- Mitarbeiterbeteiligung.

War das Entgelt im Sinne des Taylorismus noch als zentraler, wenn nicht sogar einziger Motivator für eine gute Arbeitsleistung angesehen worden, haben spätestens die Untersuchungen von Maslow und Herzberg diese These erschüttert. Im Sinne von Herzberg ist das rein monetäre Entgelt lediglich ein Hygiene-Faktor, dessen motivierende Wirkung nur gering ist. Nicht nur die zunehmende Saturierung unserer Gesellschaft, sondern auch der Wertewandel haben die Bedeutung der monetären Entlohnung relativiert. Die Befriedigung der materiellen Bedürfnisse wird zunehmend überlagert von der Forderung nach der Befriedigung der immateriellen Bedürfnisse[200]. Durch die enge Verknüpfung der Hygiene-Faktoren und

196   Vgl. von Rosenstiel, L.: Motivation im Betrieb. München 1972, S. 68.

197   Schmidbauer, H. (1975): S. 39.

198   Vgl. von Rosenstiel, L. (1972): S. 68ff.

199   Vgl. Oechsler, W. (1994): S. 299.

200   Vgl. Söhlemann, G. (1994): S. 336.

der Motivatoren kann aber eine motivierende Wirkung der monetären Anreize nicht vollständig in Abrede gestellt werden. Im Rahmen des Human Resource Managements wird das Entgelt durchaus als Motivator betrachtet[201].

a) Entgelt: Das Entgelt für die geleistete Arbeit selbst muß differenzierter gestaltet werden. Z.B. kann man die Entlohnung für Führungskräfte in drei Komponenten teilen: Neben einer fixen Komponente kann eine taktische Gratifikation für das Erreichen kurzfristiger Ziele und eine strategische Gratifikation für das Erreichen langfristiger Ziele verteilt werden. Man erreicht dadurch zum einen, daß ein Bewußtsein für die Langfristziele der Unternehmung geschaffen wird und zum anderen gestaltet man die Anerkennungsfunktion des Entgelts transparenter.

b) Sozialleistungen: Die vom Arbeitgeber gewährten Sozialleistungen fallen nur bedingt unter seine eigene Entscheidungskompetenz. Gesetzliche und tarifvertragliche Regelungen müssen eingehalten werden. Das Gewähren von freiwilligen sozialen Leistungen allerdings, unterliegt der alleinigen Entscheidung der Unternehmung. Hier handelt es sich um monetäre und nicht-monetäre Zusatzaufwendungen der Unternehmung an die Mitarbeiter. Als Personalmarketinginstrument sind die Sozialleistungen nur dann effizient, wenn sie den im Rahmen dieser Arbeit angenommenen Effizienzbedingungen genügen: Sie müssen aus kostenpolitischen Erwägungen sinnvoll sein, den strategischen Zielen der Unternehmung und den Bedürfnissen der Mitarbeiter entsprechen. "Die... freiwilligen Sozialleistungen können die mit ihnen verfolgten Ziele um so eher erfüllen, je exakter sie auf die Bedürfnisse von Arbeitnehmern... zugeschnitten sind"[202]. Von entscheidender Bedeutung für die Motivationskraft ist hier sicherlich die Gestaltung in Form eines Cafeteria-Modells, das individuell die Möglichkeit bietet zwischen verschiedenen Leistungen innerhalb eines fixen Budgets auszuwählen[203]. Was die Auswahloptionen betrifft, zeigen empirische Studien, daß vor allem die folgenden von den Mitarbeitern als attraktiv bezeichnet werden[204]:

---

201 Vgl. Oechsler, W. (1994): S. 299.
202 Oechsler, W. (1994): S. 360.
203 Vgl. Oechlser, W. (1994): S. 360.
204 Vgl. Oechsler, W. (1994): S. 361.

-Geldangebote (Urlaubsgeld, Weihnachtsgeld...)

-Zeitangebote (Zusatzurlaub, Sabbatical...)

-Beteiligungen

-Vorsorge/Beratung (medizinische Betreuung, Sportprogramme...)

-Bildungsangebote (Sprachkurse, MBA-Programme...)

-Versicherungen (Unfallversicherungen, Lebensversicherungen...).

Die Wirkung der freiwilligen Sozialleistungen auf die Mitarbeitermotivation und damit auf ihre Arbeitsleistung hängt entscheidend davon ab, inwieweit die Mitarbeiter bei der Konstruktion dieses Cafeteria-Modells beteiligt werden[205].

c) Beteiligungssysteme: Die Beteiligung der Mitarbeiter am Firmenvermögen hat verschiedene leistungsorientierte Effekte[206]:

- Aus der Beteiligung am Erfolg der Unternehmung bzw. aus einer veränderten Verteilungsrelation durch Kapitalbeteiligung erwächst eine höhere Arbeitsmotivation und -leistung.

- Die höhere Arbeitsmotivation beeinflußt Fluktuation und Fehlzeiten im positiven Sinne.

- Auf dem externen Arbeitsmarkt sind Beteiligungsunternehmen attraktivere Arbeitgeber.

- Die konfliktäre Beziehung zwischen Mitarbeiterinteressen und Unternehmenszielen lassen sich besser harmonisieren.

- Der Mitarbeiter als Unternehmer denkt stärker und verantwortlicher; er hat eher die Unternehmung als Gesamtes im Blick[207].

Die Entgeltpolitik kann, sofern sie differenziert genug gestaltet wird, durchaus eine Motivationswirkung entfalten. Sie bleibt damit, so die hier vertretene These, neben der Arbeitsgestaltung zentrales Instrument des Personalmarketings.

---

205   Vgl. Schmidbauer, H. (1975): S. 41.

206   Vgl. Oechsler, W. (1994): S. 364.

207   Zu den letzten beiden Punkten vgl. Schmidbauer, H. (1975): S. 41.

5.7. Arbeitszeitmanagement

Bis in die 70er Jahre hinein war unsere Wirtschaft gekennzeichnet durch einen auf Stabilität ausgerichteten Technologieeinsatz und den entsprechenden Arbeitseinsatz. Die traditionellen, getakteten Fließbänder dominierten die Massenproduktion. Die heutige Arbeitswelt ist dagegen gekennzeichnet durch Flexibilisierung, Dezentralisierung und Individualisierung. Schwertechnologie wird zunehmend abgelöst durch computergestützte Informationstechnologie. Mit der Flexibilisierung der Produktion zerbricht auch die Dominanz der starren 40 Stunden Woche. Betriebsnutzenzeit und Arbeitszeit werden entkoppelt, die Arbeitszeit selbst wird flexibel. Darüberhinaus erlauben die neuen Informationstechnologien die Dezentralisierung des Arbeitsortes, was z.T. zur Auflösung des Betriebsverbundes als soziale Veranstaltung führen wird[208].

Diese Flexibilisierung der Arbeitszeit ermöglicht es der Unternehmung, die Arbeitszeit selbst, die bis dato als fixe Randbedingung hinzunehmen war, zum Gegenstand betrieblicher Entscheidungen zu machen.

Dabei lassen sich drei Grundtypen der Arbeitszeitflexibilisierung unterscheiden[209]:

1. Chronometrische Flexibilität, d.h. Variation der Dauer und des Volumens, z.B. in Form von Teilzeitarbeit;

2. Chronologische Flexibilität, d.h. Variation der Lage bzw. Verteilung der Arbeit, z.B. in Form von Gleitzeitmodellen;

3. Mischformen, z.B. Zeitarbeit, job sharing.

Arbeitszeitmanagement kann als Instrument eines effizienten Personalmarketings dienen. Vor allem bei Produktionsunternehmen kann der Einsatz der in der Produktion arbeitenden Führungskräfte flexibler gestaltet werden. Für die Unternehmung können daraus folgende Vorteile entstehen:

• Der Arbeitseinsatz kann besser an Schwankungen des Auftragsvolumens, der Kundenfrequenz etc., angepaßt werden.

---

208 Vgl. zu dieser Entwicklung: Oechsler, W. (1993): S. 26f.
209 Vgl. Schuh, S. et al.: Alternative Arbeitszeitstrukturen. In: Marr, R. (Hrsg.): Arbeitszeitmanagement. Berlin 1987, S. 91-113, S. 92f.

58

- Die Produktion wird flexibler, auf veränderte Kundenwünsche kann schneller reagiert werden.

- Die Betriebsnutzenzeit kann ausgedehnt werden, die kapitalintensiven Anlagen können intensiver genutzt werden.

Ebenso bieten sich für die Betroffenen auch Vorteile:

- Zeitkompetenz kann bei der Einführung von Gruppenarbeitskonzepten delegiert werden.

- Der Wunsch nach mehr Zeitsouveränität und Anpassung an die jeweilige Lebenssituation kann besser berücksichtigt werden[210].

Die individuelle Leistungsfähigkeit sinkt mit zunehmender Arbeitsdauer. Diesem Leistungsabfall kann man mit Konzepten wie dem job sharing begegnen. Der Produktivitätsgewinn resultiert hier vor allem aus Faktoren wie:

- höhere Motivation der Beschäftigten,

- geringere Fehlzeiten und geringere Fluktuation[211].

Die Arbeitszeitflexibilisierung kann bei attraktiver Gestaltung dazu dienen, das Image der Unternehmung zu heben und qualifizierte Fachkräfte zum Eintritt in die Unternehmung zu bewegen[212].

5.8.   Internal und external relations

Das Image kann auf dem externen Arbeitsmarkt ein Entscheidungsfaktor für oder gegen den Eintritt in die Unternehmung sein. Durch verschiedene Untersuchungen ist die Relevanz imagebildender Maßnahmen bei den Entscheidungserwägungen der verschiedensten Zielgruppen auf den Ar-

---

210   Vgl. Fauth-Herkner, A. et al.: mobilZeit. Die neue Generation der Teilzeitarbeit. In: Personalführung 2/1996, S. 110-116, S. 110.

211   Vgl. Fauth-Herkner, A. et al. (1996): S. 111f.

212   Zur grundsätzlichen Diskussion der Arbeitszeitflexibilisierung vgl. Strümpel, B.: Arbeitszeitflexibilisierung aus der Sicht der Basis. In: von Rosenstiel, L. (1993), S. 713-730.

beitsmärkten belegt worden[213]. Eine Nutzung der Öffentlichkeitsarbeit zu Zwecken des Personalmarketings bietet sich daher an. Unter Öffentlichkeitsarbeit versteht man "...die systematische Pflege der Beziehung zur Öffentlichkeit..."[214]. Mögliche Maßnahmen sind z.b. Teilnahme an Messen, Pflege guter Beziehungen zu den Massenmedien, PR-Anzeigen, Sponsoring etc..

Gegenstand der internal relations sind die Beziehungen zwischen der Unternehmung und der Gesamtheit der Mitarbeiter. "Sie versuchen die von allen personalpolitischen Instrumenten und deren Kombination geschaffenen Einstellungen der Mitarbeiter der Organisation gegenüber positiv zu beeinflussen und zu verstärken..."[215] Gute interne Beziehungen lassen sich z.B. auch durch folgende Maßnahmen herstellen: Persönliche Beratung der Mitarbeiter, Schaffung einer Vertrauensatmosphäre, regelmäßige Mitarbeiterversammlungen, Freizeitgruppenunterstützung.[216].

Vor allem Unternehmen in kritischen oder weniger interessanten Industriezweigen (Rüstung, Stromerzeugung, Zigarettenindustrie etc.) können durch gezielte Bearbeitung der internal und external relations die Akquisition von Personal erleichtern.

Aus der Sicht eines effizienten Personalmarketings stellen die internal und external relations "... ein hilfreiches Instrument dar, um auf dem internen Arbeitsmarkt Transparenz, Leistung und Zufriedenheit zu erzielen sowie der Organisation auf dem externen Arbeitsmarkt einen guten Ruf zu verschaffen"[217].

Im Rahmen einer Personal-Image-Messung kann die Unternehmung regelmäßig ihre Position nach folgenden Parametern auf den internen und externen Arbeitsmärkten überprüfen und gegebenenfalls korrigieren[218]:

- Bekanntheitsgrad,

- Krisenfestigkeit,

---

213 Vgl. Groß-Heitfeld, R.: Externes Personalmarketing. In: Scholz, Ch. (1995), S. 159-170, S. 163.
214 Nieschlag, R. et al.(1991): S. 495.
215 Schmidbauer, H. (1975): S. 56f.
216 Vgl. Schmidbauer, H. (1975): S. 57.
217 Schmidbauer, H. (1975): S. 57.
218 Vgl. Staffelbach (1995): S. 154.

- Entgelthöhe,

- Sozialleistungen,

- Weiterbildung etc.

Um Frustrationen zu vermeiden, sollte das Erscheinungsbild, das man zu vermitteln beabsichtigt, auch den realen Gegebenheiten entsprechen. Unternehmenskultur, Erscheinungsbild und Image müssen aufeinander abgestimmt sein[219].

5.9. Personalbeschaffung

Der Wettbewerb um den akademischen Nachwuchs hat sich verschärft. Tatsächliche und drohende personelle Unterdeckungen in quantitativer und qualitativer Hinsicht zwingen zu verstärkten Aktivitäten auf den Arbeitsmärkten. Personalbeschaffung kann auf internen und externen Arbeitsmärkten erfolgen. Die Personalbeschaffung ist eng verbunden mit den anderen Elementen des Personalmarketings: Informationen aus der Arbeitsmarktforschung, eine Analyse der Personalentwicklung und die Personalbedarfsplanung bilden das Basismaterial für jedwede Beschaffungsmaßnahme. Die external und internal relations entscheiden mit über die Anstrengungen, die nötig sind, um den erforderlichen Personalbedarf zu decken.

Aus der Sicht eines effizienten Personalmarketings ergeben sich aus der internen Beschaffung folgende Vorteile[220]:

- Das Unternehmen hat eine bessere Übersicht über das Personal und dessen Entwicklung, die langfristige Beurteilungs- und Beobachtungsmöglichkeit ist ein Vorteil im Zuge der strategischen Personalplanung.

- Durch innerbetriebliche Aufstiegsmöglichkeiten können die Motivation und das Betriebsklima verbessert werden.

- Die Kosten für Marketingaktivitäten (Personalwerbe-,-einstellungs- und Einarbeitungskosten) sind geringer.

---

219 Vgl. Staffelbach (1995): S. 154.
220 Vgl. Oechsler, W. (1994): S. 138.

Nachteile entstehen durch das Risiko der Betriebsblindheit und der Demotivation sich übergangen fühlender Mitarbeiter.

Die externe Personalbeschaffung hat den Vorteil, daß die Ausbildungskosten bereits durch andere getragen wurden und der Bewerber be-
triebsübergreifende Erfahrungen mitbringt. Dafür sind die Kosten der Per-
sonalwerbung höher[221].

Viele Unternehmen haben den strategischen Wert der Personalentwicklung erkannt und bauen hier gezielte Nachwuchsprogramme zur Deckung
des zukünftigen Bedarfs an Führungskräften auf. Auf den externen Arbeitsmärkten hat sich der Kampf um den Führungsnachwuchs verschärft.
Das Auftreten der Unternehmen im Markt der Hochschulabsolventen hat
sich nachhaltig verändert. Der Wettbewerb verlagert sich zunehmend vom
Arbeitsmarkt in die Universitäten[222]. Immer mehr Unternehmen wählen
z.B. den amerikanischen Weg des sogenannten Campus-recruiting. Sie
wenden sich direkt an die Ausbildungsstätten bzw. Studentenorganisatio-
nen, bieten Informationsgespräche, Diplomarbeiten etc., an[223]. Das zu be-
obachtende Problem ist dabei die Gleichartigkeit der Strategien, mit denen
die Unternehmen auf dem Hochschulmarkt auftreten. Es setzte ein Prozeß
ein, "... der zum Teil Überhitzungserscheinungen zeigte und damit verbunden, eine permanente Ausweitung der eingesetzten Kapazitäten und
finanziellen Mittel nach sich zog"[224]. Der akademische Nachwuchs reagiert
mit immer größerer Zurückhaltung auf die Flut an nahezu identischen
Informationsbroschüren und -veranstaltungen[225]. Hier sind neue, innovative Vorgehensweisen gefragt, um sich von der Konkurrenz abzusetzen.
Die Verlagerung des Wettbewerbs in die Hochschulen scheint aber wei-
terhin der richtige Weg zu sein, um frühzeitig potentielle Führungskräfte
zu beobachten und anzusprechen.

Marketing ist um so erfolgreicher, je größer das Interesse der Kunden an
den Produkten der Unternehmung. Entsprechend kann der Erfolg des
Personalmarketings an der Höhe der Anstrengungen gemessen werden,
die zur Deckung von Personallücken erforderlich sind. Je schwieriger die

---

221 Vgl. Oechsler, W. (1994): S. 138.
222 Vgl. Groß-Heitfeld, R. (1995): S. 161.
223 Vgl. Oechsler, W. (1994): S. 139.
224 Vgl. Groß-Heitfeld, R. (1995): S. 162.
225 Vgl. Groß-Heitfeld, R. (1995): S. 164.

Deckung von Personallücken ist, desto dringender erforderlich scheint eine Überarbeitung der Personalmarketingstrategie. Die Viabilität einer Unternehmung hängt, darauf wurde bereits mehrfach hingewiesen, am Wohlwollen der Kunden; auf dem Personalmarkt ist dies der tatsächliche bzw. potentielle Mitarbeiter.

5.10. Moral Management

Chemie- und Kernkraftunfälle, Korruptions- und Betrugsskandale, weltweite Umweltzerstörung und zunehmende Arbeitslosigkeit sorgen dafür, daß Führungskräfte zu einem immer stärkeren Spagat zwischen eigenen Werthaltungen und unternehmerischen Entscheidungen gezwungen sind[226]. Je intensiver Führungskräfte mit ethischen Dilemmasituationen in ihrer täglichen Arbeit konfrontiert werden, desto stärker sind die Auswirkungen auf die Arbeitsleistung. "Eine Verringerung des Unternehmenserfolges zeigt sich u.a. in einer Verschlechterung der Mitarbeitermotivation, in einer Vergrößerung der organisatorischen Unsicherheit oder in einer Abstumpfung... gegenüber Korruptions- und Bestechungsaffären"[227]. Messick warnt dann auch: "Executives today work in a moral mine field. At any moment, a seemingly innocuous decision can explode and harm not only the decision maker but also everyone in the neighborhood"[228].

Führungskräfte beobachten sehr genau das Verhalten ihrer Vorgesetzten/Kollegen und übernehmen es[229]. Der richtige Umgang mit Dilemmasituationen muß trainiert und über Kodices verankert werden: "Codes of ethics my be introduced... for clarifying intraorganizational roles and expectations".[230] Die bewußte Auseinandersetzung mit ethischen Fragestellungen hat aus der Sicht eines effizienten Personalmarketings die folgenden Vorteile:

---

226 Vgl. Beck, U. (1986): S. 218ff. Vgl. auch Ulrich, P.: Transformation der ökonomischen Vernunft. Bern 1993, S. 68ff.

227 Kreikebaum, H.: Grundlagen der Unternehmensethik. Stuttgart 1996, S. 209.

228 Messick, D. M.: Ethical leadership and the psychology of decision making. In: Sloan Management Review/Winter 1996, S. 9-22. S. 9.

229 Vgl. Badaracco, J.L. et al. (1996): S. 101.

230 Weaver, G. R.: Corporate codes of ethics. In: Business & Society. Spring 1993, S. 44-58, S. 48.

- Es kann eine Unternehmenskultur herausgebildet werden, die auf Vertrauen und Zusammenarbeit basiert.

- Entscheidungsregeln für Führungskräfte reduzieren deren Unsicherheit und erhöhen deren Leistung.

- Man motiviert die Mitarbeiter, indem man ihren Bedürfnissen nach sinnvoller Tätigkeit und Selbstverwirklichung Rechnung trägt. Dies vermindert Spannungen zwischen den zu lebenden Werten in der Arbeit und den in der Freizeit gelebten Werten.

- Das Image der Unternehmung kann verbessert werden, die Attraktivität auf dem Arbeitsmarkt steigt.

"Managers would welcome concrete assistance with primarily two kinds of ethical challenges: first identifying ethical courses of action in difficult gray-area situations... and, second, navigating those situations where the right course is clear but real-world competitive and institutional pressures lead even well-intentioned managers astray"[231].

Insofern läßt sich auch der Bereich der unternehmensethischen Probleme durchaus als Chance für das Personalmarketing begreifen.

6. Schlußbetrachtung

Der Marketingbegriff, ursprünglich lediglich bezogen auf externe, kundenorientierte Aufgaben, hat diesen engen Definitionsrahmen gesprengt. Zunächst wurde er im Zuge des Generic Marketings auf alle Bereiche ökonomischen Handelns ausgedehnt, in denen man im weitesten Sinne von Marktbearbeitung sprechen kann. Darüberhinaus wird die Kundennähe im Zuge von TQM zu einem Begriff, der die gesamte Unternehmung durchzieht und von der Produktion am Fließband bis zum Kommunikationsauftritt alles umfaßt. Alles ökonomische Handeln ist, so könnte inzwischen vermutet werden, Marketinghandeln. Dies bringt einerseits die Gefahr einer gewissen Begriffsverwässerung mit sich, hilft aber andererseits dabei, über die Schaffung von Kundenbewußtsein in allen unternehmerischen Bereichen die Effizienz des ökomomischen Handelns zu verbessern.

---

231 Stark, A.: What's the matter with business ethics? In: Harvard Business Review, May-June 1993, S. 38-48, S. 38.

64

Der Kunde des Personalmanagements ist der Mitarbeiter und der potentielle Kandidat für die Mitarbeit in der Unternehmung. Effizientes Personalmarketing ist nicht als Neuauflage alter Konzepte zu verstehen, sondern zunächst einmal als ein anderes Bewußtsein. Kennzeichnend für dieses neue Bewußtsein in der Personalarbeit ist die prinzipielle Offenheit gegenüber allen unternehmerischen Bereichen, Prozessen und Strukturen, die zu Zwecken des Personalmarketings eingesetzt werden können. Der Einfluß unternehmerischen Handelns auf die Personalmarketingaktivitäten reicht von der Entlohnung über die organisationale Struktur bis hin zum Führungsverhalten und dem Ethik-Kode. Jede Aufzählung kann dabei nur einen Ausschnitt dessen widerspiegeln, was in jeder Unternehmung dabei jeweils spezifisch von Bedeutung ist. Prinzipielle Offenheit muß auch gegenüber Erkenntnissen der Nachbardisziplinen herrschen. Als die wichtigsten Forschungsfelder wurden im Rahmen dieser Arbeit arbeitsmarkttheoretische und motivationstheoretische Ansätze herausgearbeitet und in ihrer Wirkung skizziert. Will man in kurzen Sätzen diese Bedeutung nochmals zusammenfassen, kann folgendes festgehalten werden:

a) Arbeitsmarkttheorie findet auf der Makroebene der Volkswirtschaft statt. Ihre Bedeutung liegt darin, dem Personal(markt)manager das Umfeld verständlicher zu machen, in dem er agiert. Untersucht wird die Struktur der Arbeitsmärkte und die Prozesse, die auf den Märkten ablaufen.

b) Personalmarketing ist die Arbeit mit und für Menschen. Will man hier steuernd und effizient eingreifen, muß man zunächst verstehen, wie und warum Menschen handeln bzw. nicht handeln. Motivationstheorien versuchen, diese Fragestellungen aufzuklären. Sie sind deshalb unabdingbare Voraussetzung jeder konkreten Maßnahme und jeder strategischen Planung im Personalbereich.

c) Der Personal(markt)manager ist Eklektiker. Er führt die Erkenntnisse dieser und anderer Forschungsbereiche auf der Makroebene der Unternehmung zusammen, entwickelt ein Verständnis für Prozesse und versucht, sie zu beeinflussen. Auf der Mesoebene der Unternehmung verschmelzen ideagen all jene wissenschaftlichen Erkenntnisse, die der Entscheider braucht. Ständig am State of the art zu sein, ist Grundvoraussetzung seines Erfolges. Effizientes Personalmarketing beruht auf interdisziplinären Lernprozessen.

d) Ökonomisches Handeln findet in einem zunehmend komplexen und dynamischen Umfeld statt, das in seinen Reaktionen immer unvorhersehbarer wird. Es sollte im Rahmen dieser Arbeit auch deutlich werden, daß arbeitsmarkt- und motivationstheoretische Ansätze jeweils nur begrenzt geeignet sind, Schlußfolgerungen für das konkrete und effiziente Handeln im Personalmanagement zu ziehen.

e) Mit dem Human Resource Management rückt die strategische Bedeutung des Menschen in den Vordergrund. Es sind Menschen, die Ideen entwickeln und umsetzen. Der richtige Umgang mit dieser "Ressource" bedeutet somit einen komparativen Konkurrenzvorteil. Es mag sein, daß diese Erkenntnis im Zuge der Verschlankungs- und Entlassungsprozesse kurzfristig ignoriert wurde, mittelfristig wird sich jedoch die Erkenntnis durchsetzen, daß weder ein größerer Maschinenpark noch ein reines Kostenmanagement den unternehmerischen Erfolg garantieren.

Erfolg beruht auf Innovation, auf Lernfähigkeit, auf Ausbildung und ist letztlich unwirksam ohne die richtige Motivation. Es bedarf eines verantwortungsbewußteren Umgangs mit den Menschen innerhalb und außerhalb der Unternehmung. Personalmarketing, derart weit gefaßt wie in dieser Arbeit, kann dazu einen Beitrag leisten.

Literaturverzeichnis

ADAMS, J.S.:   Toward an understanding of inequity. In: Journal of
                Abnormal and Social Psychology, 68, 1963, S. 422-436.

ADLER, A.:   Über den nervösen Charakter. München 1928.

BADARACCO, J.L. et al.: Jungmanager: Der erste Spagat zwischen
                Karriere und Moral. In: Harvard Business Manager
                1/1996, S. 91-103.

BAßELER, U. et al.: Grundlagen und Probleme der Volkswirtschaft.
                Köln 1991.

BECK, U.:   Risikogesellschaft. Frankfurt 1996.

BERELSON, B. et al.: Menschliches Verhalten. Band 1. Weinheim 1974.

BERNARD, L.L.: Instinct. A study of social psychology. NewYork 1924.

DOMSCH, M.:   Personalplanung und -entwicklung für Fach- und Füh-
                rungskräfte. In: von ROSENSTIEL 1993, S. 403-416.

DRUCKER, P.:   Management. New York 1985.

EINSIEDLER, H.E.: Führung von Führungskräften. In: von
                ROSENSTIEL, L. 1993, S. 259-272.

ETZIONI, A.:   The spirit of community. New York 1993.

FAUTH-HERKNER, A. et al.: mobilZeit. Die neue Generation der Teil-
                zeitarbeit. In: Personalführung 2/1996, S. 110-116.

FUNKHOUSER, G.R.: Das Dogma vom Wachstum. Wiesbaden 1989.

FRANKL, V.E.: Der Mensch vor der Frage nach dem Sinn. München
                1996.

FRÖHLICH, W.D.: DTV-Wörterbuch zur Psychologie. München 1991.

GARDNER, H.: Multiple Intelligence. New York 1993.

GIERSCH, H.:   Kieler Vorträge, Band 78, o.J.

GOLEMAN, D.: Emotional intelligence. London 1995.

GORZ, A.:   Abschied vom Proletariat. Frankfurt 1980.

GROß-HEITFELD, R.: Externes Personalmarketing. In: SCHOLZ, Ch. et
al.: Strategisches Personalmarketing. Stuttgart 1995, S.
159-170.

GRUBEL, H.G.: Soziale Sicherung und Weltinflation. In: GIERSCH, H.
(Hrsg.): Kieler Vorträge, Band 78, o.J.

HECKHAUSEN, H.: Motiv und Motivation. In: HERRMANN, T. et al.:
Handbuch psychologischer Grundbegriffe. München
1977.

HENTZE, J.:   Funktionale Personalplanung. Frankfurt 1969.

HENTZE, J. et al.: Personalführungslehre. Bern 1990.

HERBERT, H.J.: Motivationspsychologie. Stuttgart 1976.

HERRMANN, T. et al.: Handbuch der psychologischen Grundbegriffe.
München 1977.

HERZBERG, F. et al.: Motivation to work. New York 1959.

HÖFFE, O.:   Einführung in die utilitaristische Ethik. Tübingen 1992.

HÖHLER, G.:   Offener Horizont: Junge Strategien verändern die Welt.
Düsseldorf 1989.

JUNG, C.G.:   Gesammelte Werke. Stuttgart 1963.

KELLER, B.:   Einführung in die Arbeitsmarktpolitik. München 1991.

KIENBAUM, J. (Hrsg.): Visionäres Personalmanagement. Stuttgart
1994.

KLAGES, W.:   Wertedynamik. Zürich 1988.

KOTLER, P.:   Marketing Management. Stuttgart 1989.

69

KREIKEBAUM, H.: Grundlagen der Unternehmensethik. Stuttgart 1996.

KÜNG, E.:   Arbeit und Freizeit in der nachindustriellen Gesellschaft.
                Tübingen 1971.

LÄRM, T.:   Arbeitsmarkttheorie und Arbeitslosigkeit. Systematik
                und Kritik arbeitsmarkttheoretischer Ansätze. Frankfurt
                1982.

LUTZ, B.:   Arbeitsmarkt und betriebliche Arbeitskräftestrategie:
                Eine theoretisch-historische Skizze zur Entstehung be-
                triebszentrierter Arbeitsmarktsegmentation. Frankfurt
                1987.

MAG, W.:   Personalplanung im Rahmen der unternehmerischen
                Gesamtplanung. In: WiSt 1981, S. 519-526
                MARR, R. (Hrsg.): Arbeitszeitmanagement. Berlin
                1987.

MARX, K.:   Das Kapital. Stuttgart 1957.

MASLOW, A.H.: Motivation and personality. New York 1954.

MEFFERT, H.:   Marketing. Wiesbaden 1989.

MEGERLE, R.: Ganzheitliches Personalmarketing. In: SCHOLZ, Ch.
                1995, S. 171-181.

MESSICK, D.M. et al.: Ethical leadership and the psychology of decision
                making. In: Sloan Management Review Winter 1996, S.
                9-22.

NIESCHLAG, R. et al.: Marketing. Berlin 1991.

OECHSLER, W.: Personalentwicklung in einem Arbeitsrecht von gestern.
                In: ZfP 1/1993, S. 25-33.

OECHSLER, W.: Personal und Arbeit. München 1994.

OPASCHOWSKI, H.W.: Arbeit, Freizeit, Lebenssinn? Opladen 1983.

REGNET, E. et al.: Überlegungen zur Führungskraft der Zukunft. In: von ROSENSTIEL, L. 1993, S. 49-74.

ROBERT, M.:   Die Revolution der Psychoanalyse. Frankfurt 1986.

von ROSENSTIEL, L.: Motivation im Betrieb. München 1972.

von ROSENSTIEL, L.:   Motivation von Mitarbeitern. In: von ROSENSTIEL, L. et al.: Führung von Mitarbeitern. Stuttgart 1993, S. 153-172.

von ROSENSTIEL, L. et al.: Führung von Mitarbeitern. Stuttgart 1993.

von ROSENSTIEL, L.: Entwicklung und Training von Führungskräften. In: von ROSENSTIEL, L. 1993, S. 59-74.

von ROSENSTIEL, L.: Grundlagen der Führung. In: von ROSENSTIEL, L. 1993, S. 3-25.

ROTH, E. (Hrsg.): Organisationspsychologie. Enzyklopädie der Psychologie. Band 3. Göttingen 1989.

ROTHSCHILD, K.W.: Unvollkommene Information und Arbeitsmarkt. Suchtheorie der Arbeitslosigkeit. In: WiSt, Heft 11, S. 518-523.

SCHEUER, M.: Zur Leistungsfähigkeit neoklassischer Arbeitsmarkttheorien. Bonn 1987.

SCHMIDBAUER, H.: Personal-Marketing. Essen 1975.

SCHMIDTCHEN, G.: Neue Technik - neue Arbeitsmoral: Eine sozialpsychologische Untersuchung über die Motivation in der Metallindustrie. Köln 1984.

SCHOLZ, Ch.:   Personalmarketing. Wenn Mitarbeiter heftig umworben werden. In: Harvard Manager 1, 1992, S. 94-102.

SCHOLZ, Ch. et al.: Strategisches Personalmarketing: Konzeption und Realisierung. Stuttgart 1995.

SCHUH, S. et al.: Alternative Arbeitszeitstrukturen. In: MARR, R.: Arbeitszeitmanagement. Berlin 1987, S. 91-113.

SENGE, P.:   The fifth discipline. The art and practice of the learning organization. New York 1990.

SENGENBERGER, W.: Arbeitsmarktstruktur - Ansätze zu einem Modell des segmentierten Arbeitsmarktes. Frankfurt 1975.

SESSELMEIER, W. et al.: Arbeitsmarkttheorien. Heidelberg 1990.

SHERMAN, A. et al.: Managing human resource. Cincinnati 1988.

SIMONIS, U.E.: Ökologische Orientierung. Berlin 1988.

SMITH, A.:   Wohlstand der Nationen. München 1978.

SÖHLEMANN, G.: Neue Personalmärkte: Der Weg von der Rekrutierung zum orientierten Marketing im Personalbereich. In: KIENBAUM, J.: Visionäres Personalmanagement. Stuttgart 1994, S. 333-348.

STAEHLE, W.H.: Management. München 1991.

STAFFELBACH, B.: Strategisches Personalmarketing. In: SCHOLZ, Ch. et al.: Strategisches Personalmarketing: Konzeption und Realisierung. Stuttgart 1995, S. 143-158.
STARK, A.: What's the matter with business ethics? In: Harvard Business Review. May-June 1993, S. 38-48.

STRÜMPEL, B.: Arbeitszeitflexibilisierung aus der Sicht der Basis. In: von ROSENSTIEL, L. 1993, S. 713-730.

TICHY, N.M. et al.: Strategic Human Resource Management. In: Sloan Management Review. Winter 1982, S. 47-60.

THOMAE, H.: Das Problem der Motivarten. In: Handbuch der Psychologie. Band 2. Göttingen 1965.

ULRICH, H.: Management-Philosophie für die Zukunft. Bern 1981.

ULRICH, P.:   Transformation der ökonomischen Vernunft. Bern
                 1993.

ULRICH, P.:   Wirtschaftsethik und Unternehmensverfassung. In:
                 ULRICH, H. (Hrsg.): Management-Philosophie für die
                 Zukunft. Bern 1981, S. 57-79.

VROOM, V.H.:   Work and Motivation. New York 1964.

WEAVER, G.R.:   Corporate code of ethics. In: Business & Society.
                 Spring 1993.

WEINERT, A.B.:   Führung und soziale Steuerung. In: ROTH, E. (Hrsg.):
                 Organisationspsychologie, Enzyklopädie der Psycholo-
                 gie. Band 3. Göttingen 1989, S. 552-577.

WIMMER, P.:   Personalplanung. Stuttgart 1985.

WISWEDE, G.:   Motivation und Verbrauchsverhalten. München 1973.

WOMACK, J.P. et al.: Die zweite Revolution in der Automobilbranche.
                 Frankfurt 1992.

WUNDERER, R.:   Personalmarketing. In: Die Unternehmung 2/1991, S.
                 119-131.